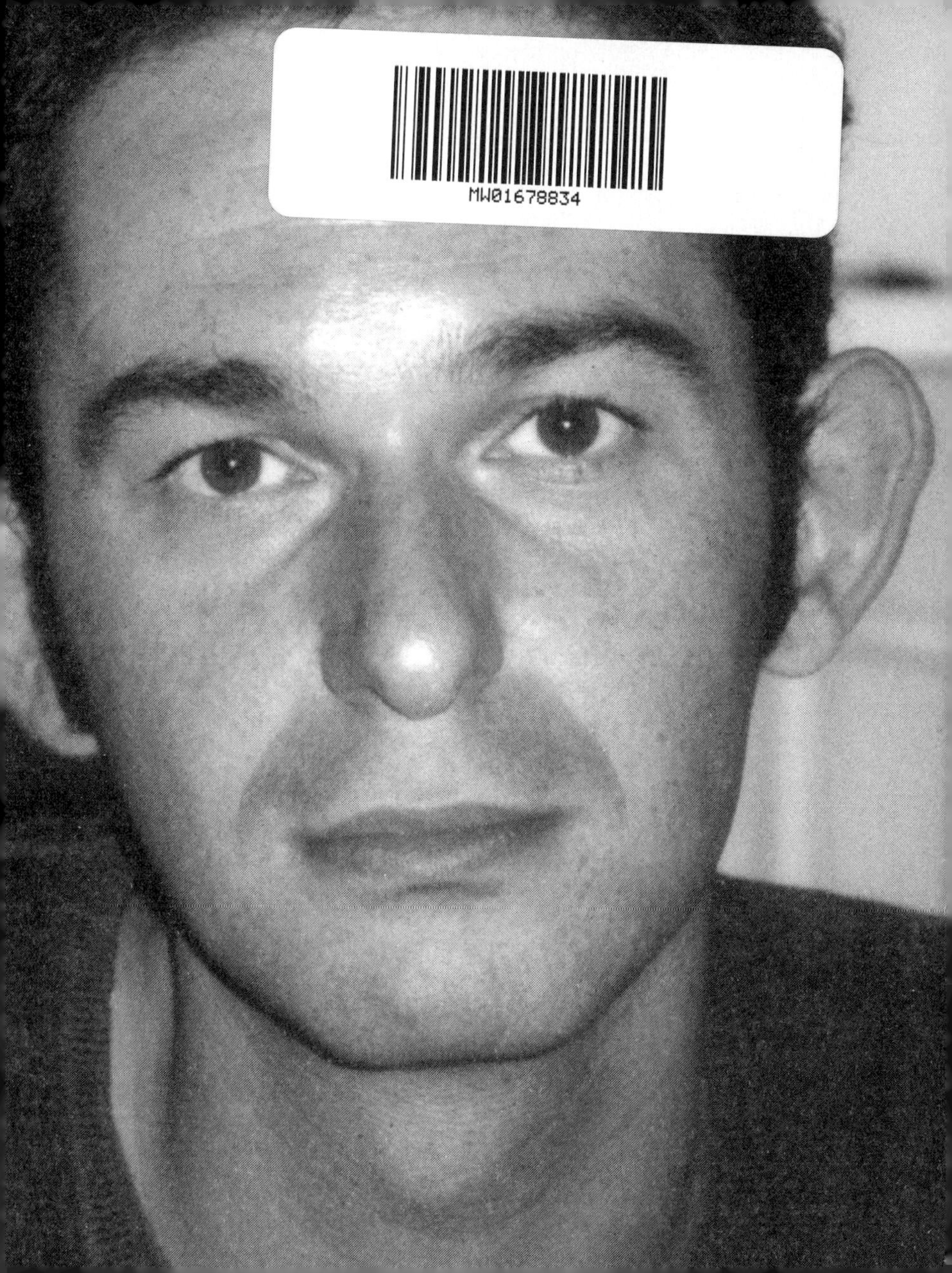

christophe marchand-kiss

# alter ego

**suivi de *biography***

Graphisme : Caroline Keppy et Sandrine Roux

Photographie : © DR


48, rue Vivienne
75002 Paris

ISBN : 2-84597-124-9
ISSN : 1284-384x

L'ŒIL DU POÈTE

# christophe marchand-kiss

# alter ego

## suivi de *biography*

ouvrage publié
avec le concours du
Centre national du livre

textuel

# SOMMAIRE

*alter ego*

# EN BLOCS

c'est un itinéraire à entrer dans quoi.
séquences, variations, dissémination : dans le pli on trouve.
tracer deux droites, jamais droites, ça sinue, ça ne repose jamais, et si ça repose, c'est maintenant et maintenant est passé. deux droites, avec doubles guillemets, deux droites menteuses qui à un moment de leur tracé forment le pli nécessaire pour se confondre se tendre s'exhiber se rendre.
comme ça, dit-elle, mais ne dit-elle pas aussi, j'attendais cela, et ce n'est pas tout à fait cela, mais plutôt qui peut bien se cacher sous un nom, et plus qu'un nom une étiquette, collée, comme ça collée et mise en cartel cloué au mur, qui peut, dit-elle, voilà la question.



tulipes jaunes et bleu
tulipe ne forment pas un ensemble
cohérent

mettre au défi quiconque penserait qu'il y a printemps.

mettre au défi (elle est un nom et une imagination : poitrine ?). entre une ville et une autre, il n'y a pas seulement des kilomètres, mais de l'évasif, la forme inconstante prête à échapper (à s'échapper), un terrain vague peuplé soudain. l'évasif est un biais — une vue de biais. jequoi ne voudrait pas y croire, c'est ainsi, après le biais, il perd quelque chose : un peu de brun, l'ébauche, et gagne des contours, autour desquels il tourne (dans un bar où il n'y a pas de place pour la place, un sentiment déjà de proximité, ou l'illusion d'être à côté, dans une ville étrangère, le no man's land idéal, rempli jusqu'à la gueule). ou c'est elle qui se déplace, tend la main, mais c'est trop tôt.

rien que cela lui a demandé quelques efforts personnels : comprendre.

la forme du château
donne ceci ils sont déjà
de dos elle
enfonce la clé dans la serrure mange du gorgonzola mais c'est après après quoi, entre deux murs on voit le pli, distinct, et elle dit, comment faire pour arrêter cela ne s'arrête pas comment — passer à autre chose : la même chose.

la forme de la
file cache la forme
du château et c'est encore trop long.

isolé on a une vue pittoresque des choses — ce qui se dépeint bien ne s'exprime pas. revenu au nom, c'était un assemblage déjà assemblé et qui convient, cette fois sûr au présent, à toutes les combinaisons excepté une à laquelle on ne pense pas et qui surdétermine le tout : ouf final.
par exemple.
par exemple elle dit ne pas aimer les calamars mais c'est une autre. d'un trait (toujours jaillissant) on a vite fait le tour, et la boucle est l'antimanière quant à ce qui se déploie par ailleurs. de tous côtés. simultanément.
on devient fou mais de quoi.
par exemple.
de jequoi. ne pas oser y penser, et penser n'a pas de pertinence, pour l'instant (écrire à l'instant pour l'instant et se jeter dans les bras de la première fille venue, faut-il qu'elle vienne. panorama — abject — : arbres tuiles chat fax pour le monde la connexion son avorton).



donc : à la minute même où jequoi a fait ceci ou cela dans la ville x, elle a fait ceci ou cela dans la ville y (car il s'agit

bien de rapprocher les peuples), ceci et cela qu'ils ont oubliés, et dans la rencontre jugée nouvelle, qu'ils ont insérés tant bien que mal. ou sans effort. peu importe excepté la vanité du neuf — des tulipes bleu céruse fanées et bonnes à jeter le vase pue et c'est comme ça.
cela donne : elle était ici, à un moment donné (le don d'un moment peut parfois sauver une vie, il faut y penser) et jequoi, là, à ce même moment. cascades d'identités. le nom se double d'une forme, la forme du nom disparaît.

quand le poème s'écrit il n'a pas de forme et c'est pourquoi l'arrière gauche de la prose peut le déborder de la sienne.
c'est effectivement à un débordement auquel on pense. ou à débord tout court. tout en liseré, dans la doublure, jequoi passe à l'orange.
ou a le petit pont romantique (il faut être romantique pour aimer les petits ponts). ou plutôt :
une trouée, le chas de l'aiguille transformé en gouffre. on bascule en antérieur (c'est clair, en avant, marche) en le niant dans le trouble on nie et le gouffre et le basculement et l'antérieur, dans l'action qui n'est une action que pour elle.

tulipes dans poubelle est un accélérateur de temps.

d'habitude figer une action par la prononciation du mot non. dans le vide, pas de branches.

tulipes dans poubelles est un accélérateur de temps
[d'habitude
figer une action par la prononciation du mot
non dans le vide pas de branches
dieu reconnaîtra les siens c'est sûr.

continuons.
dans continuons, nouons, nouons c'est sûr, perdus dans une illusion, ou un chas, serait-ce à l'impératif, mais au présent, ne serait-ce pas non paradoxalement dénouer, toujours partout et simultanément.
ce qui est tuant, dit-elle, jequoi comprend puant, elle mélange deux langues à la fois (ce qui est son plus profond désir, le mélange — mais elle ne connaît pas le français, le *méconnaît*, comme *le* chinois ou le *haut*-celte, ce qui n'a circonstancielle*ment* aucune importance).

pour l'instant, instant optimiste.

la main sur le bras, conscience de son emprise et de sa fugacité : idem et différent, une question de temps, et de si oui ou non il y a répétition.
la main sur le bras peut se décrire — il faut que le bras soit nu, jequoi est nu et fume des cigarettes — autrement que par ces cinq mots et c'est elle qui me touche, pense-t-il.
éliminer les variations élimine le poème et un tas d'autres choses. essentielles.



la langue : pouvoir se connaître sans, dans l'invention de l'autrement ou du sans quoi, entrelacs de perspectives, dissémination à l'infini, fuite en avant, encore, fuite qui fuit et fuit et refuit (jequoi dit pourquoi pas dans une langue étrangère et pour lui seul).
dans la fuite, elle se regarde, et se retourne, et se regarde (que fait-elle, là-maintenant, n'est plus une question, si au moment même où elle se regarde on sait qu'elle se retourne) et c'est toujours jequoi et plutôt quoi.
il y a du quoi dans cette fille-là.

la tension de la main a quelque chose d'inexprimé, on pense à raccrocher, puis à suspendre (comme on suspend le cours de quelque chose), et ça bégaie toujours. c'est ce que comprend jequoi quand son bras se lève pour trinquer —

elle trinque aussi, mais différemment, elle y met les yeux, et il n'y a pas de reflet dans le verre, que de la lumière, et un peu de quoi (pour être modeste : il y a aussi du elle dans son quoi qui, pervers, va jusqu'au je à rebrousse-poil) : vernis opaque.
elle dit pour l'instant (et la langue languide fait langue, se retourne comme le gant).
le tout évoque une pyramide de sucre : on sait qu'elle s'écroulera, jamais quand, mais elle s'écroulera. bâtir ? voilà pourquoi. pour l'écroulement (en négation constante).
jequoi aimait bien que le gant se retourne, à partir du non, posé sans question, en équilibre instable sur le bord du jeu — affaire de poker déshabillé : avec trois manteaux, trois pulls, trois tee-shirts, trois paires de chaussettes, trois slips, c'est plus long. et trop long, pense jequoi, impatient de la fin, alors qu'il n'y a que fuite, sable filant entre les doigts, poudreuse, pollen.
la longueur est l'unique garantie de la venue d'un oui. alors, faire le parcours en sens inverse depuis le non initial jusqu'au oui premier ? impossible, le non est corseté. un instant, dit-elle, est plus long que la longueur longue de milliards d'instants passés empilés usés (la jonquille fane et l'eau reste propre pour d'autres jonquilles).
pas de réversibilité.
la veste de jequoi peut paraître neuve (et sa veste à elle), qualité doublure, oui n'est pas l'inverse de non, peut-être

son alter ego incomplet. c'est peut-être ce qui l'intéresse. et ça balance. comme toujours on est au milieu (de la réaction chimique qui n'en finit pas de finir, déchire le cadre et s'éploie, régulière, caméléone, surprenante), dans le marigot des désirs, à peine un ah elle se cabre, jequoi sans nerfs, sur le bord du canapé ne se désigne pas. réflexe d'attendre. un café une question une main, le dit-elle traditionnel, j'ai peur pour mais ne termine pas sa phrase, enfonce un coin du peut-être laissant le oui intact (ou il est question d'une question sur la mise en futur du non). comme le mot sad qu'elle prononce a au moins trois sens différents :

1- est sad de le laisser seul où il n'est pas seul.

2- est sad comme condition générale, météorologie de l'humeur, bad mood today, ne contient rien de son quoi qu'elle possède sans le savoir.

3- est sad is sad is sad is sad is sad.

l'étude des mouvements (ou des paroles) provoque infiniment de questions, insolubles dans l'instant, tout comme dans le vent éternel (il a écrit internel : s'y pencher) des ambiguïtés ou dans la douce chaleur des bégonias ni doux ni chauds mais qui sont, sans suspense. passer son index (à elle) sur son nez (à lui). caresser de la paume le rebord de la table et regarder ailleurs. effleurer des lèvres sa propre épaule. se tenir droit ou droite en silence souriant et garder ses distances. lever la main droite et dire je le jure. pouvoir constater. pouvoir ne pas être né.

point d'exclamation sur une terrasse.
fait bouger les verres et ses lèvres, il parle il dit c'est alors que j'ai pensé que tu allais naître.
du je au tu une infinité de quois, une infinité sans quoi le rapport serait celui du lapin et de la lapine sans transition. ou médiation (comme on veut).
qui veut. point d'interrogation. la qualité du point équivaut à douze questions nouvelles posées dans le sens inverse des aiguilles d'une montre. donc douze nouvelles questions, on l'aura compris (importance du à nouveau ou du de nouveau ? y réfléchir).
qui dit vouloir n'a pas d'importance, quois mélangés dans les je et jeux, parfois assortis, parfois dépareillés (gants dépareillés font désordre, puis charment), la coupe fonctionne, scalpel aiguisé, les parties jouent la leur propre sans se soucier de qui interlocute à l'instant. cela télescope, heureusement.
à l'instant, dit-il encore, et je comme jequoi écoutent : passages motorisés sur la freeway, couples en langues étrangères, vent dans les parasols, sa chevelure le recouvre tout. impression de n'être jamais nu. de ne pas avoir été propulsé. vitesses ?
sur les douze questions (tu insistes) aucune n'a de réponse satisfaisante : elle répond en norvégien, jequoi comprend à peine le danois ou jequoi répond en tchèque, tu ne parles pas français. en boucle. la hauteur de la main, le prolon-

gement du bras, les yeux dans les yeux non ce n'est pas cela c'est autre chose les yeux dans les yeux, d'ailleurs : ils les baissent au même moment, comme on baisse le son, et reprennent à zéro, le zéro d'avant douze, zéro incalculable ou cela prendrait du temps, il y a dans cette situation (calculable, elle, au millionième de seconde près) une part que l'on écarte.
grand écarte ?
oui, dit-elle en swahili, c'est de ne pas comprendre le je du quoi que les choses (qu'elle est imprécise !) paraissent pouvoir se poursuivre (qu'elle est compliquée !). au lit, ou ailleurs, plongés dans les champs d'iris, de bleuets. s'attarder près d'une église arménienne, glisser, car toujours on glisse, et plus vite que ça (sans exclamation, très doucement, contrairement aux apparences — langage des apparences). et les choses (idem) se poursuivent par une reconstruction patiente et le calcul méthodique de la hauteur des haussements d'épaules des battements de cils l'étirement des sourires la fréquence des clins d'œil la distance moyenne observée entre jequoi et elle, leur corps, la profondeur et l'intensité des baisers. elle est un peu lunatique.

elle dit non parce qu'elle ne sait pas dire oui : inflexible. et elle vous touche derechef à l'endroit où l'émotion d'ordinaire le submerge aussitôt.

jequoi ne sait quoi dire.
c'est dans un i like you que tout se condense, dans la surdétermination de l'appréciation, elle parle si mal le norvégien, pense jequoi, mais si élégamment la litote, pense jequoi, qu'elle n'aurait aucun mal à se mettre dans la peau d'une chimène — mes mérites et mes souffrances réversibles profiteront-ils au coupable et quel coupable ? il s'égare.

à l'inflexibilité il n'y a pas de réponse, que des dérivations, alors il énumère une liste — tout cela se déroule, évidemment, sur la grand-place déserte, près des parasols (vent sur), le gazon se trémousse oui et on l'entend — compréhensible à quelques o ou a près en italien comme en français, en albanais comme en russe, albanese or russian avec accent marqué sur une syllabe précise : connivence.
*suevo va vo chacha cafca corneille* une vraie ménagerie.
jequoi est loquace : il teste, envoie ses quois.
le rythme haché des phrases — virgule-cisaille.
le lilas, blanc diaphane, se confond au noir, de ton chemisier.
et encore :
la coupure est là sans être tranchée : insulte qui ne porte pas, sourire indélébile, ironique puis méprisant. on ne décide pas si le miroir de poche est moucheté d'alouettes. on ne décide pas, non. encore une fois.

la décision serait pour plus tard. dans le café le visage rouge de lumière directe assaillante. dans la réverbération de son ombre sur la sienne. dans le couloir le calcul de la distance qui le sépare de sa porte et de son inutile représentation. dans. et hors aussi, c'est fortuit, ça échappe. c'est banal, l'écaille du mur blanc et un spot est un spot qui chauffe et éclate sur du linge bleu. ce n'est rien, fugace : et ça remplit. éclaire.

c'est une condensation maximum dans un sourire qui traduit mieux i like you — ou un geste, démesure de geste, strictement envoi d'un *plus* sémantique, signe ou toucher extraordinaire, pour dire (susurre-t-elle peut-être, jequoi devenu sourd), i lock and live you, brassées d'air, plus d'air plus d'air plus d'air — le lilas.

le lilas le temps quand foncé le temps des lilas blancs violets c'est le lilas tire sur le mauve le rose tire sur le lilas. jequoi ne cesse de répéter répéter (coda).
le lilas lock you et dans le rose le rose where you do live you lilas rose c'est rose lilas l'air est absent c'est comme l'air mauve lilas rose qui vous lock vraiment lock alors tire sur le lilas l'air alors c'est alors (barre unique) qu'il stoppe et lit la page 1728 du dictionnaire à partir de, première colonne

à gauche et en haut, réverbération : son quoi réfléchi sur la roche nue de son elle. en tire la leçon que jamais un quoi n'est identique à un autre, et s'entend dire coïncidence (vous en êtes une autre), découpe irrégulière de la pièce de puzzle, ligne de fuite. plein dans vide. l'absence de quoi qui appelle un quoi qui la remplit. pas de réversion, passer à la suivante (il poursuit sa lecture) suivante cette page suivante qui mais jusqu'au bout, il passe beaucoup de temps à dévisser, à revisser les commutateurs électriques lilas mauves et lock, il faut que ça tienne, voilà.

il faut que ça tienne. dévisser la langue pour qu'elle tienne. 
dévisser le lilas et n'en plus parler le lilas se dévisse comme suit : grand blanc à partir duquel toute ouverture s'ouvre dans un grand rien à remplir de tout. on peut traîner en longueur. on peut traîner la longueur sans qu'elle casse. et si elle casse il y a la largeur et la hauteur, le sauf-qui-peut habituel. sad et pas sad dans un coin à gauche sur console sémantique électrique, quelques quois au milieu. décor où poser son verre ou des marguerites lorsque sad prend de la place le remettre à sa place. un peu d'évasif au mur et si les murs sont bleus ça tangue pas d'évasif il faut être juste avec les couleurs. elles le sont et sad n'est pas noir. l'instant pèse lourd c'est un bloc d'instants. fils norvégiens pour communication extérieure. fils bataves pour communication

intérieure. un poco d'italiano dans cuccina. un peu d'anglais sur le canapé une tache. blur fait tache sale. tache fait tache et donne forme à la tache. c'est ce qui compte, donner forme. sa chevelure recouvre tout et les détails sont perceptibles (à touche-touche le niveau d'écoute de la musique sans langue est acceptable il susurre).
le non est sous la table.
le oui ride l'air conditionné. personne n'ose l'attraper.
elle a posé une affiche d'espace sans espace sur le sol : réminiscence. au premier battement d'œil, partez tu pars et jequoi — il aura oublié le miroir dans sa poche un miroir oublié est oublié. l'identique se met à varier. oh my god, dit-elle, et c'est moi qui y pense.



les transitions se font
par du gorgonzola le vin my god dans les lavatories
moins cher qu'à karstadt mais karstadt sans cesse
lit les étiquettes mange une banane au beau milieu
de la chaussée à droite un excellent crémier
subito ! bavardage (transition ou transitoire) dans le creux du pli, *ne pas* proférer telles choses profondes, *ne pas* désespérer : ça meuble, pour « ménager la relance », tracasser les quois, les minuscules, sony tv design camembert ou parmigiano scarole ou laitue aimer la goulasch selon la méthode tchèque et la brandade à la nîmoise. fait beau ? fait beau.

avec mauvais, un développement plus ample.
ne pas désespérer.
il faut que ça tienne. voilà (c'est alors qu'elle dit : vous êtes offensif pour un bulgare, ce qui ne trompe jequoi, détectant dans le voussoiement une nouvelle preuve de l'incarnation de ses désirs multiformes et une révélation des siens, et pousse l'empathie à esquisser un sourire qu'il esquisse ce sourire oui longtemps effort musculaire intense et troublé — ouvre et ferme la bouche dans un même son, disons oh, et plutôt (l'anglais-pivoine la trompe, trompe-l'œil de la langue déflorée) ohffensive, point d'interrogation ébahi —, que fit-il (dans le vrai passé la vraie distance la vraie question) pour être offensant choquant blessant repoussant grossier déplaisant).
ou elle privilégie l'action. absence de paroles. militaire aux champs. publicité sony.



ça s'attache, ça prend, ça lie : c'est comme ça, une suite invertébrée de mots équivoques dont il faut dénouer les ficelles entremêlées, masquent la définition vraie. parfois jequoi ne comprend rien, parfois c'est elle, et l'écheveau de langage reste en plan : signes d'agacement tempérés.

par quoi (et en quoi) :

au jeu de soustraction des quois elle a identifié mon rythme, et donnant, donnant, lui retourne un gant de prose, saccadé sec, découpé au scalpel, cisaillé précis que jequoi déchiffre en finnois, repérage des virgules et des points — en nombre. trip hop romanesque. hop et encore hop, ça cut vite cut sans souffler ça pulse pulsion c'est écrit.
à l'oral ça ne se reproduit pas. plus lascif — comme laissé en plan — moins tendu. et tendre et tendre l'oreille pour entendre il faut la tendre. jequoi n'entend rien.

tulipes noires. martèle sans épeler.

s.
justement dans l'évasif le coin de la pièce imaginé pour elle et elle seule se détriple — son portrait imaginé, son biais, sa langue écrite incomprise — à mesure d'un balayage consciencieux des mots, l'ombre sur le roc se fend, apparaissent des myriades lumineuses, étincellent au soleil et jaillissent de leur sac à quois : il les accepte, les lui tend, comme il renvoie les siens, miroir de poche fendillé où se voir de guingois est la règle.
et se déquadruple le visage photographié sur la couverture non évasif mais pesant, injuste dans sa constance illusoire, sa vue de face opposée à sa vue de biais, à l'éloignement

emprunté, rien du trouble qui le prend là là et là (compter les bosses et les creux, points épineux et finaux où surgit loge éclate le trouble), mais un sentiment de reproductibilité, dans le temps d'après, quand elle efface au présent c'est vrai ou au passé récent a effacé (disons la semaine dernière) une tache de vieillesse une rougeur d'un peu de fond de teint (main posée sur la tête, elle tente maladroitement de faire écran, et de ménager sa sensibilité, au conditionnel rétroactif).

la sensation printanière ne vient qu'après.



c'est-à-dire maintenant — le paysage abject se déroule moins le chat — rouler les paysages comme on fait des moquettes : disparition du contexte descriptif, de la couleur et du pittoresque, rien qu'un texte sans début ni fin, commande de l'urgence lente et diffuse, le chassé-croisé sans neige ni bois ni ville, assorti d'une boîte à outils aux outils inefficaces, rabot qui ne rabote vis qui ne visse lime qui ne lime perceuse qui ne perce tulipe qui ne tulipe.

si j'ai bien compris je n'ai rien compris.

entre-temps (entre maintenant et maintenant, les tulipes bleus des tulipes bleues insister) jequoi pour lui plaire (zigzag du i like you) a appris trois mots : boustrophédon hickory kakemphaton (fruits purs de tout outrage, aboiements nourris sur les bancs de la gauche et de l'extrême gauche), et n'est pas sorti de chez lui — si chez lui a une signification : popote caca pipi dodo. a appris par cœur des noms d'oiseaux, moqueur, imitateur d'amérique du nord, le couloir jonché de glycines pourries la belle affaire (elle claironne pou pou pou, ses seuls mots avec merde et smrt et c'est un mot unique qu'elle prononce chaque fois avec une intonation différente, sans ou avec cheveu sur la langue bouche close susurre ou grande ouverte aboie elle en fait un dessin. résolution).
il n'y a qu'un nom d'oiseau. tant pis.
apprentissage. difficile.

c'est aussi son avis.
(...) prenait vraiment passé son temps pour décortiquer les syllabes du premier vers de la récitation ensuite débitait à la vitesse d'une mitraillette straubienne en regardant la cime d'un tilleul mort bien mort oui.
pour cela il aurait fallu se tenir sur la pointe des pieds. s'y est toujours refusé. avançait à pas de loup dans les voyelles de rimbaud, le regard absorbé par les lattes de bois non

cirées de l'estrade (mesurer largeur et hauteur). elle aussi avançait, ses quois récitatifs un peu plus lents, ungaretti comme une lettre à la poste, mains sur la table et l'encrier, ne le renverse pas, le papier blanc reste blanc et elle est blanche presque diaphane (...)

ce qui ne colle pas : la mitraillette straubienne.
rien ne colle, ça s'emboîte par un effet de passion incontrôlable qui esquive un massicotage parfait des pièces.

et des fleurs. sans vase les fleurs
le bon côté des fleurs
impossible la vue de biais est
impossible
sur le comptoir dans cet espace lissé sans place la place du spectateur observant la non-crispation de la main gauche qui non-avance et se non-replie aussitôt, petit théâtre sans profondeur, invention d'une abstraction. il n'osait le dire, et dit : le blanc du mur s'empare de sa blancheur, elle se fond, il l'étouffe et la déploie, sans bords. jequoi la surnomme ryman, rien de plus simple et de plus sophistiqué, presque trop, elle si impeccablement rousse. presque trop, aussi : pour que sa réflexion extra dry, ou sur le vif, déambule dans ce déambulatoire, bénitier à verres vides, des traces de rouge

à lèvres sur les bords (réapparition des bords !), sans se cogner et s'approche s'approche s'approchait à ce moment où, pense jequoi, les couches d'acrylique étaient brossées sur le visage, disparition des rides (creusées, humaines) et apparition de nouvelles (vernir, craquer, en deux temps). jequoi craque (profil cubiste ?), colle ensuite bord à bord pour ne voir qu'une ligne une ligne ne se voit pas même à l'œil nu il est nu on voit observons ! de la colle dans certains organes et dépasse sur les tissus ou mêlée au gras sous ici et sous là on la voit mais il ne la voit pas. ne voit que les iris et les iris c'est trop.



e la nave va, dit-elle, où il n'est question que d'un saut en parachute qui n'en finirait pas. ne pas toucher le sol. ne pas voir le ciel. planer en pliant.
plier en planant.
plier en planant.

ainsi : le voilà le moment où (intrusion) il écoute encore (encore un instant, désespoir de la longueur, et en boucle bientôt, infini sans bords) raja hindustani, grand succès musical et cinématographique indien, est seul, a mangé dans un restaurant japonais de stuttgart, allemagne américaine de l'ouest, bu du whisky (lagavullin) au switzerland, bu du whisky (glenmorrangie) au bar, rencontré manuel karasek à la cafétéria il faut que ça se sache et ça n'a aucune importance, c'est un tracé, un grand corps traversant, les relations diplomatiques européennes.

retour sur jequoi.

il faut que ça entre.

il faut que cela fasse partie intégrante. le parcours de la main avant le parcours de la langue, voilà ce qu'il a dit, son parcours : une française parlait allemand avec un accent français et l'allemand avançait sa main, pianotait sur le comptoir, retirait sa main (*ad libitum*). son parcours avant de toucher l'épaule ou la main ou un doigt avant. son parcours avant. la langue, derrière, soutien à la main désirante. la langue en arrière, moteur, jamais vecteur. voilà ce qu'il a dit et a parlé de s. et de son projet et de l'inceste.

il a parlé et la saison des pensées est passée.

jequoi a parlé en anglais.

sur le vent et l'eau rapide, parlé.

écrit.

elle n'a pas écrit une ligne depuis trois jours.

jequoi s'autodétruira dans la longueur — en s'étirant, comme suit, une suite d'étirements de désirs sans volonté de les contrôler.

lorsqu'elle a écrit à nouveau au passé croit-elle ou aller simple dans un futur déjà là, sa volonté était de remplir au maximum la distance formée entre son corps et ce qu'elle lui ordonnait de faire, ce qu'elle ne voulait faire et qu'elle faisait fait continue de faire et qui la blesse tout en la comblant d'un plaisir ambigu mais réel.
jequoi ne parle pas de masochisme.
le plaisir submergea tout.
un jour le plaisir submergea tout il ne resta rien de la blessure ni de l'ambiguïté, rien que du réel et du plaisir réel — et l'autodestruction.
un jour le plaisir submergera tout. ils n'y verront rien de nouveau. un peu de tristesse. une eau sale à changer. sa peau fanée et pour longtemps. quois sans objet.
il faut inventer les quois sans quoi il y a une histoire, une fenêtre artificielle ouverte sur le monde des je. et jequoi n'aime pas les histoires, que les plis et le passage de pli en pli, la pliure des corps qui ne s'abandonnent et rebondissent sans cesser de rebondir ils rebondissent (coda). et un jour c'est fini et leurs corps rebondissent. dans le temps même où ils rebondissent et qu'elle et lui sont dessaisis de leurs rebondissements.
elle a écrit cela, et bien d'autres choses encore, je lui ferai écrire cela et jequoi l'aidera à recopier dans les marges, en souabe ou en hindi, le caractère fonction de son caractère à elle et de sa proximité avec les objets qu'ils ont disposés

dans la salle à l'espace sans espace en expansion, son peuple de quois fragiles prêts à muter en une cascade d'indifférences (jequoi voulait écrire différences : métaphore de cette glace facile à filer — il la brise, il parle il dit :)
sadness. inclusivement dans le mot sa momentanéité.

elle pourrait être là et jequoi ici, séparés par des kilomètres comme des siamois séparés, sentant encore le scalpel qui découpe la chair et en fait deux, organise le rejet, la haine, l'oubli, qu'importe — c'est à cet instant qu'elle dirait conditionnel contraint à cet instant —, réduits qu'ils sont à prévoir, protométéorologues de leurs désirs.
son sourire sourirait si et comment pourrait-il resourire après tant et tant de fois où elle a souri.
c'est de l'après dont ils parlent. et l'après n'a pas de nom. pas de forme et il forme un vaste point d'interrogation. unlimited.

c'est ainsi que cela passe — file se dérobe est dérobé.
dans la ville y veut oublier que cela peut encore filer se dérober être dérobé encore. dans la guimauve surannée de la ville y, elle efface les contours et cesse de tourner autour dans l'espace étroit si étroit qu'il ou elle a écrasé les pâquerettes cueillies la veille incognito — c'est ce mot-là qu'elle cherche, et ne trouve

pas — pour s'écarter, comme jequoi s'écarte, effleure le bord extérieur du bar elle garde l'intérieur, prisonnière.
et revenir. et s'écarter.
mais reste un flou, ce flou une sorte d'identité.

instantané(ment) : ne plus vouloir construire, simplement prendre. tenter de prendre, de happer plutôt, main fendant l'air.
m'y fait penser, et jequoi y pense, et elle y pense aussi — immobile derrière le bar, sa chevelure est un décélérateur de temps —, cette sorte d'identité, imprécise, non pas évasive — on ne peut bien voir le flou de profil ou de biais, et c'est moins dans l'immobilité que dans le mouvement que le flou se mesure et surprend. un certain détachement. une irréalité doublée d'un étirement incontrôlable. en tous sens.

simplement prendre et dans le même moment laisser échapper.
se faire prendre au piège du vide. écoulement rapide du sable entre les doigts, encore. chute, encore. son corps est une chute. ou serait ou pourrait être, le conditionnel a ceci de particulier qu'il n'est ni conclusif ni absolu ni catégorique, et file entre les doigts de l'incertain. si l'incertain a des doigts.

la description des lilas mauves pourris par quoi par qui se trouve dans la poubelle.
cet élément du panorama n'est qu'un élément subsidiaire à leur propre définition.
quelle définition. ils ne la cherchent pas.

en son absence : le présent a vécu est une phrase contextuelle. le présent est toujours vécu au passé, il faut apprivoiser les écarts, ce qui est dit n'est pas ce qui est compris, ce qui est ressenti est différé, ou ne pas les apprivoiser du tout, laisser courir courir le cours, changer de langue maternelle. du coup, rien n'est sûr, y compris la justesse de son nom, la limite de son désir, la lumière fragile sur son visage baigné de lumière, ce visage baigné et pourtant si évidemment obscur. je suis dans cet instant — et cet instant après instant après instant l'instant au singulier pluriel — dans son absence et son visage lavé d'absence.
cette absence : sad or not sad (par la porte fermée, voir les baigneuses dans l'herbe mouillée exhiber leurs tricots de corps made in germany). not sad, pense-t-il : absence dans l'absence de tout sentiment réflexion désir. ensemble vide. vidé jequoi est vidé. et vide au bar verre après verre, comme pour combler mais combler quoi (plus d'eau dans le vase : indétermination. voir à l'oral, quand les bouches formeront la dernière lettre du premier mot).

dans son sourire, une pointe d'agacement, un agencement de quois en train de se noyer.
obsessions.

obsession d'un lit, couverture en patchwork, jequoi devine une dominante rouge et des plis dans la brusque chute du corps, des plis décomposés et recomposés aussitôt sinuent différemment bientôt décomposés, encore.
obsession d'un vase, que d'œillets les œillets attrapent l'œil et son œil les œillets étaient verts (le temps, incertain. on parle alors d'un footballeur, arrière gauche de la prose, incertain avant un match).
obsession de sadness et de son interprétation.
obsession d'une obsession, un espace de l'absence entre et entre un filet d'espace ténu on ne l'effleure pas.

le rouge-gorge chante faux. le ténor chante faux. la sirène chante faux. le haut-parleur chante faux. le tourne-disque chante faux. les meubles chantent faux. le saladier chante faux. le volubilis chante faux. le gaz chante faux. les quois chantent faux. je ne suis pas son alter ego.

obsession d'une obsession, un espace infime de l'absence infime entre et entre infime un infime filet d'espace ténu on ne infime l'effleure pas.
je ne suis pas son alter ego. la plus jolie fille de heidelberg à baiser voilà ? à baiservoilà.
je ne suis pas son alter ego — hi han, hi han.
jequoi n'est autre et le même — mais cut — que dans le reflet de son miroir et au lipstick il inscrit femme. et au stylo il ajoute : cette part de la femme qui convient à ma part féminine. et il ajoute : et ayons la courtoisie de penser que sa relation avec (...) n'est qu'une passade dans un hôtel garni de la banlieue de stuttgart. et il ajoute : dans ce type de relation les relations avec le tôlier sont excellentes. et il ajoute : 
elles doivent être. et il ajoute : être rien sans alter ego.

exclut la sexualité : l'alter ego.
au début, il la nomma sister pour marquer la distance parcourue (l'approche, jequoi s'approche, elle ne retranche rien).
et le passé simple marque qu'il n'en fit fait et fera rien de plus que ce passé-là. comme un point d'interrogation dans un pli.

en son absence, elle visionne la rencontre d'alain cavalier, doublage en hongrois, sous-titres en portugais, suite d'images d'objets dont le cinéaste fait don à celle qu'il aime, don de lui montrer des représentations — à l'amour naissant, se plaît à rappeler jequoi —, et elle dit : cet échange — ce que l'on ne voit pas, ses objets à elle — établit une différence, une distance entre eux, une sympathie doublée d'une découverte. l'amour des différences.

il n'y a pas d'amour entre alter ego : juste la confrontation des mêmes. l'annulation des mêmes.
c'est à saisir, pas de réponse, un effleurement de bock pour elle, sans concentration, un agacement du pied contre un pied de table pour lui, sans volonté, et l'air ne manque pas, il est entre, il grouille, et rien n'est saisi.
elle dit, elle dit elle n'a pas fait son travail lipstick resté à l'intérieur de la boîte à gants et le vase qui l'a détruit (jequoi mentalement traduit par fracassé sa cigarette l'empêche de parler et ne lui offrira futur à l'instant entêté jamais de fleurs).

elle dit, elle dit elle n'a pas regardé ses yeux de peur que leurs couleurs respectives ne se mélangent et n'en fassent qu'une seule (jequoi pense que la lumière n'est pas nécessaire pour voir).

elle dit, elle dit elle ne sait pas ce que sad signifie et qu'elle l'est toujours c'est un état un stade infranchissable qui efface sad et laisse un tu accusatif et l'état (jequoi pense qu'une tautologie ne s'affronte pas mais se contourne est un contour).

elle dit, elle dit elle croit que si sa troisième personne n'est plus singulière elle oubliera tôt ou tard de l'investir, et de s'arrêter devant le rétroviseur d'une voiture pour remettre une mèche de cheveux en place, mais ce n'est plus cela — à l'instant — elle dit, elle dit elle croit que ses quois discernés en double chez l'autre lui ôtent toute personnalité — à l'instant — et qu'en lieu et place d'une machine à je il n'y a plus qu'un trou (jequoi pense que les trous sont des vecteurs de fuite et que c'est très bien comme ça).

elle dit, elle dit elle dit je pour se rassurer 396 fois par jour et ne se rassure pas (jequoi pense cigarette et quois éteints d'abord s'assurer on verra ensuite).

elle dit, elle dit elle résiste lorsqu'elle attend le bus s'il fait du vent elle attend que sa chevelure soit parfaitement immobile pour respirer (jequoi pense que le masochisme n'est qu'un apprentissage parmi d'autres).

elle dit, elle dit elle défait et ce n'est pas une défaite dans le creux d'une vague on a tout le temps pour penser et mourir et penser avant de mourir (jequoi pense qu'on ne meurt pas au creux d'une vague ou d'un pli on survit comme à la crête moins la joie et la puissance peut-être)

elle dit,

elle dit elle

de toute façon son silence l'a toujours — quelle vanité

d'écrire toujours, elle était au bord du bar il y a ce n'est pas sûr une demi-heure mais qu'importe — interdit.

on pourrait maintenant dire que l'arrière gauche de la prose n'a marqué aucun but.

son silence : n silence quand la formulation n'interviendra pas avant avant de laisser des points parfois de suspension. son silence : éviter sad et ne pas comprendre uniquement le matin cold et dire ich verstehe nicht en bambara — son silence et le pli sur ses lèvres, est-ce un creux qui la défigure et la rend humaine. qui la défigure et la rend humaine. qui me défigure. on ne s'y retrouvera pas sauf : le bruit du moteur, enseignes çà et là et ça défile, connu, ou vue d'une étendue sans détails, blocs en général, parcours linéaire dans une ville de tant d'habitants dont certains travaillent et d'autres pas, certains de souche et d'autres étrangers, une gare de bonatz et l'affaire est classée, elle ne comprend pas cold au sens figuré et ne comprend pas, le voyage s'éternise de questions, qui y répond et qui comprend, personne, jequoi aimerait distribuer un dernier quoi mais à qui.

on peut dire que parfois l'arrière gauche de la prose marque contre son camp.

une dernière fois : un instant, avant le codicille, que jequoi prononce à l'anglaise, dans l'espace encore si étroit du bar qu'il le remplit tout entier, elle s'avance pour la première fois et tend une main et ne dit rien, et dit vous en allemand, ce que jequoi prend pour une simple politesse, et plus bas après un silence, deux silences, son ancien présent fait tap tap, êtes mon voisin, point d'interrogation ou point d'exclamation, il ne se souvient pas, point peut-être tout court, comme une énonciation géographique évidente.
elle prend jequoi pour la représentation fidèle d'un cartel. ou voudrait lâcher ses bergers tulipes (à elle) contre ses bassets lilas (à lui). et dit ahah enfin, deux ah très collés, sans respiration, d'un jet, ponctuation sèche, et point d'exclamation, là, oui, c'est certain. et lâche ses dogues iris contre ses teckels jacinthes — mordus par un bout de pain rassis, pense jequoi, qu'à l'oral il traduit (ou plutôt adapte) par un
plea sed to me et you a u s s i
largo (40 à 60 à la noire) que possible, mais si con fuoco que le bar semblait vraiment passé rempli jusqu'à la gueule.



la tulipe fanée et fanée
la tulipe est fanée elle
le sont

le printemps vient au premier plan, déroulé en motifs rouge-fax vert-chat rose-ordinateur et souris qui ne

peut être verte puisque chat sans souris l'est c'est le printemps : jequoi sans plus se contenir et dans la voiture enfonçant un coin d'autoroute du nord de l'europe lance barcelona et elle reprend barcelona dans une minute une demi-minute une seconde une demi-seconde voilà, c'est là sur la terrasse à l'idiome étranger il pense comment, à la voir de biais, ne comprendre que les contours, ce qui s'évade et se modifie s'éparpille se recompose vite et différemment et aussitôt se décompose, et pourtant tout comprendre, alors que de face (conversation les yeux dans les yeux en islandais) le bloc si cohérent et évident est illisible.
le printemps vient. dans un demi-centimètre carré de velours vert jequoi la voit dans un biais qu'il nomme barcelona, une direction, en principe, qui n'a rien de principale.
la scène a quatre côtés et personne ne s'y trouve.
c'est avec mesure qu'il tranche dans ce vif si tendre et s'incline tant qu'il ne la voit plus et s'incline encore entrant dans le vert et absorbé par le vert il ne voit plus le vert *c'est* vert.

corot ne se servait jamais de vert, il obtenait ses verts au moyen du mélange du jaune avec du bleu. c'est ce que prétend un couple d'écrivains.

# EN DÉTAILS

s'il y a une fin, rien ne sera possible.

couper un morceau d'action (de processus), on obtient l'action (le processus) dans son intégralité. si on coupe. si non, on obtient, fugacité évasement retour, l'action (le processus) dans son intégralité moins la fin.



la litanie des fleurs combatives, fleur-chien fleur-chat fleur-lion fleur-taureau fleur-jequoi, ça suffit (dit-elle). c'est la litanie qui suffit. l'ordre de la litanie. le combat se poursuit, ici et là, dans le creux de l'aisselle, le désir d'être transparent, un perroquet, un sifflet, un devenir (sans tautologie). le désir de fusion imparfaite des désirs, ses divergences, ses fuites, un peu là et autre part, dans la part de l'autre.

elle est autre, et il veut sa part, celle qui collée bord à bord avec la sienne (les siennes?) ne coïncide pas, mais qu'il happait happe va happer (on peut dire maintenant que c'est un éternel recommencement, que l'on a happé, et que l'on happera, encore et encore, soudainement, sans s'en apercevoir, *subrepticement*, sans penser, sans peser le pour et le contre, sans considération pour le *happ*, parce que ça communique, ça communique et c'est tout, entre elle et jequoi il y a une voie, invisible, et on y est portés, on prend la voie et la voie mène quelque part, on ne sait pas surtout où).

maintenant on ne peut même plus couper, pense jequoi. il faudrait savoir où et quand, et tout va (donc) très vite, sensa parole (ne manquait au début, ou plutôt dans la poursuite d'un déroulement antérieur à son biais, qu'une phrase en inuit). le elle recouvre partiellement le jequoi et s'en libère dans un même élan.

il y a un peu d'il y a. un présent permanent, intègre les autres temps, multiforme et multi-usage, c'est du compost, du tulipe à jamais tulipe, du entrer/sortir, imprenable, annihilant la durée, à cet instant, et tous les autres instants formant une masse d'instants compacte, boule énorme, qui charrie tout, le n'importe quoi et le n'importe comment, sans ordre ni hiérarchie, en tous sens, gratuitement et généreusement.

ça y est, on y va, on est partis. on est déjà partis. on ne commence plus, on vit.
c'est ça, dit-elle. et ça est le raccord, dans son manque d'expression, dans son tout et rien, son exclamatif vibrant et fugitif, ça s'élargit, prolifère, et devient le tout. et si on met le doigt sur ça, on met le doigt n'importe où, sauf sur un point. c'est ça, dit jequoi, qui est éphémère et intégral, qui tire la langue jusqu'au bout, c'est ça, jusqu'au bout des pieds, et qui traverse le plancher pour voir la langue et les quois des voisins, c'est ça, leur part de langue et de quois qui se rétractent ou qui s'allongent, la langue et les quois de l'autre, d'elle et de jequoi, leur langue et leurs quois à tous, si on les mêle.



dans un mouvement ample qu'il a installé au centre de la pièce, déborde dehors, ailleurs, tout ailleurs, déborde de partout, jequoi serpente sans fin jusqu'à des sommets qu'il savait — pense-t-il à cela ? — ne pouvoir atteindre. et sur ces sommets (il a écrit moments : y songer) il n'y a rien, et il oublie. pourquoi se souvenir de tout, quand un caillou une paille un brin un rien une syllabe une touffe le mot recouvrement un bout plié et simplement le bord multiplié du pli suffisent.

s'il y a assez des fleurs, passer en hiver, et il y a encore des fleurs.

la pièce se compose de microns de quois, poussières de relations bilatérales anciennes et futures monologuées qui voletaient (première syllabe d'un mot hindi traduit aussitôt en tchèque première syllabe) et ne se laissaient passés très simplifiés presque imparfaits attraper. et le mouvement crée ceci : un arc blanc (transparent opaque, disait goethe) de quois visible intégralement malgré l'horizon. et le mouvement crée ceci : une direction, traverse son corps (la paume de la main ou la poitrine ou le sexe ou tout à la fois, perforés en tous endroits, et saufs), s'en nourrit et le nourrit. et le mouvement crée ceci : le mouvement, l'échange simultané et ultrarapide de la part inconnue reconnue.
s. : encore dans son lit, elle dort ou une nuit une insomnie, quois sur la peau translucides.
moi : encore dans mon lit, il dort ou une nuit une insomnie, oubliant de gratter le tissu vert des quois maintenant transparents sous le vert, et le vert devient à son tour transparence des quois.
la peau est transparente : elle le sait sans le savoir, elle le devina, distance simple du passé-énergumène, tend une main mais c'est trop tard. jequoi se dit que vert – vert provoque une réaction chimique x.

opaque + opaque n'est pas égal à opaque.
ce qui est égal (égal !) à opaque n'est pas non plus la tulipe sent le rouge ni l'iris reflète le camaïeu des violets bleus ni l'arc dans sa dimension atomique transparent à l'instant.

il n'y a pas de printemps : 28° à berlin.

elle a pris un verre dans le jardin (arc : 102° latitude nord) sur la terrasse lumière orientée pour qu'elle distingue dans le camaïeu des verts un vert pâle et un vert plus pâle encore pour transpercer la gamme des verts jusqu'au noir apparent. l'arc se déplace et fait briller les verts. elle lui en donne un, jequoi lui donne le même, convaincu que par soustraction on obtient une addition.
c'est une opération mentale spécifique, au-delà du barcelona, simple cadre mythologique, crié sur la highway par la vitre ouverte de l'automobile, dépourvu de tout but, seulement un cri, qui organise et lisse la monstruosité d'un enjeu similaire, et l'éloigne, jamais définitivement, mais l'éloigne comme on éloigne les objets encombrants incompris.

il faudra bien qu'un jour l'alteregomanie soit reconnue comme sport olympique.

(pierre de coubertin fut bien alors là c'est du passé et simplissime le premier et le dernier champion olympique de poésie).
jequoi pose ses quois sur la pelouse et l'arrière gauche (maladroit ? pas tant que ça) de la poésie lyrics 98 en profite pour lui administrer un tacle mortel. il l'insulte en ukrainien, la seule langue qu'elle reconnaît dans un parc de los angeles et distingue aisément du russe. la seule langue qu'elle reconnût dans un parc de los angeles et distinguât from russian easily. se faire violence. non.
reconnaîtra les siens. non.

c'est une question sportive, effectivement. la poésie est un sport que l'on peut pratiquer dans son lit. ou en se lavant les dents. ou en faisant la cuisine. ou en lavant la vaisselle. certains en se regardant dans le miroir, mais c'est leur problème (jequoi la voit et ne se voit soudain plus, sa découpe incertaine et une inondation de cheveux roux).
l'équipe de france ne gagnera pas le mondial — encore trop d'envolées, pour rien, le ballon fait une sortie de but, et trop de banalités, dans leur petit écrin de quotidien (cire les chaussures/josette), petites passes courtes à l'adversaire, et trop d'individualisme, la baballe à son pouêt-pouêt : la faute toujours la faute aux joueurs étrangers, à pasternak, excellent milieu de terrain, trop vite écarté de la sélection nationale,

et des américains ah les américains (c'est pour eux, le mondial, la dream team est hors concours, jeu limpide et facilement transposable. des gens qui voyagent bien, en somme). montale, arrière droit, enfin, un peu trop d'envolées et de baballe, avait prévenu : aujourd'hui, en italie, on peut écrire en pseudo-vers jusqu'au procès verbal d'un conseil d'administration.
aujourd'hui, on peut écrire n'importe où de la poésie à partir d'un procès verbal d'un conseil d'administration. un-zéro.

être alter ego est sportif. en son absence, jequoi, dans sa chambre berlinoise, s'exerce à répartir ses quois en catégories, et ne se reconnaît plus.
taper dans le punching-ball des autres, en creuser l'identité, et en sortir moins humain. prêt à frapper encore. prêt à se cogner l'œil, la tête contre le mur, attendre que ça saigne et ça saigne, très bien (il ne faut pas se blesser, dit-elle, même, et surtout, lorsqu'on n'a jamais été sélectionné en équipe nationale — jequoi est en ligue 2 et vise la montée la saison prochaine).



mieux vaut être premier chez les mauvais que dernier chez les bons (proverbe souabe). un grand nombre de mauvais se sont révélés être un grand nombre de mineurs.

elle dit : j'ai écrit ce matin des poèmes, comme si poèmes et matin allaient ensemble, comme s'il était naturel d'écrire le matin des poèmes, comme s'il fallait le matin des poèmes écrire, et elle le fait, minou drouet vieillissante. jequoi n'écrit pas de poèmes, il écrit. s'il ne va pas au bout de la ligne, il y a une raison, c'est tout. et s'il y va, il reste encore un peu de poème, entre la lime et la cisaille.
un équilibre à maintenir (et dans l'écriture, un déséquilibre à condenser), sinon le fil de la ligne casse (et dans l'écriture, il casse). une suspension à découvrir, où ne rien suspendre. un bloc c'est un bloc le poème est un bloc. un punching-ball gonflé à bloc qui ne vit que dans ses creux éphémères.
retour au pli, et c'est son visage qui le retient, ne lui appartient pas. le sampling de beck lui a permis de comprendre (ça ?). ou jon carter, quelqu'un comme lui, peut-être.
les plis de son visage, momentanés. après qu'elle a regardé longtemps (sûrement pas intensément, incapable de contemplation), elle vieillit soudain d'une trop grande accumulation de mémoire et trop rapidement. la vie est trop rapide, dit-elle, ou la vita e brevi, dit-elle, on regarde, on est regardée, et l'eau et le vent mouillent et balaient (se méfier de la nature, leopardi l'avait bien dit) tout.
l'avant-centre du poème ne marque aucun but, jamais, et c'est son point fort.
le but de la victoire le tant

du tant en machin tant la manchette l'effet
de manche bande
de manchots qui s'en souvient, il faut être maniaque, dit jequoi en kirghize, il faut être ils le sont et ils le sont bien avant que le but ce but inouï soit marqué, marquer de sa marque est un peu emprunté (jequoi dans le joli creux enfonce et rebondit un temps, vieillit et vite c'est fini).
les quois s'évaporent, dans les vapes, pense jequoi, et ce vase sans fleurs les fleurs hébétées dépérissent éparpillées dans l'astro-élément sad, la place manque elle ne sait pourquoi pour le caser et il se case.



c'est un courant qui s'est ouvert et ne se refermera pas.
la tulipe rouge
s'étiole en un rouge
tulipe un rouge vert
quiconque dit le contraire ne peut combattre, dit-il, et quiconque n'est pas quiconque, est pronom personnel sujet en marge de quiconque, et ce pronom personnel sujet a pour nom elle, qui parfois et à l'instant a pour nom s. pour l'instant et seulement pour l'instant pour cet instant où il se combat, maintenant que je peux dire il le dit que ce livre passé est dédié futur proche à s.g., prétexte et texte, dos cuivre et cuir, visage au profil noir visant le mur, disparu.

dans ce courant, des quois en expansion.
une expansion, et dans un pli en deux, quois séparés.
c'est une séparation, l'ouverture d'un pli, multiplie les directions, en expansion vers, deux quois, bientôt quatre, huit, seize, l'infini.
elle compte, dans son miroir cheveux de la veille elle voit c'est là, quatre, seize, séparés et huit font x expansions, une ouverture, une multiplication, un pli infini, versvers (directions), bientôt, dit-elle, bientôt sans durée réelle.
jequoi récite ses quois, s'il les attrape, au parcours sinueux en expansion constante, par cœur.



en son absence : elle vole et vole et se pose, enfin — impermanence du jardin ratissé permanence.

le mot cold, à la gare, lui échappe, ils n'échangent qu'une valise un sac le chat smiling cat without a cat est un miaulement continu de x à y, combien de miaulements au kilomètre, calculer combien d'arbres de maisons grandes ou petites, moyennes, de voitures et de mouvements circulaires imperceptibles dans le compartiment, combien de fois la main se pose sur l'accoudoir, et combien de fois elle, son nez sa bouche *mettre la main devant sa bouche*, bâille son sac ouvert le plan d'une ville étrangère en évidence (le singe montre le sexe du doigt, et c'est encore lui, à cet instant où la porte s'ouvre, se ferme, se ferme définitivement sur casquette fleurs et pataugas), et combien de fois la vitesse ralentit *significativement*, et combien de fois elle accélère, et combien de fois il entend dans la bouche de sa voisine le mot significativement en néerlandais et le mot cage et quartier et cake et deux fois le contrôleur un homme une femme venus kontrollieren die fahrsheine elle s'endort — comme elle vole et vole, jequoi ne la voit pas, surprend dans l'irruption fugace d'une forêt ses quois verts.

berlin : combien de fahrenheits. jequoi prend un taxi. dans le rétroviseur, l'irruption d'un transport la joue cherche la joue, ne la trouve pas.



elle vole.
au-dessus de ses quois, il détourne un mot, les atteint au centre (boeing sud-coréen de l'obliquité). détail de fleur donne fleurs. elle vole volette et son voletage parcourt les espaces en leur entier. espace donne absence d'espace. jequoi, dans la ville x, regarde le ciel y, et l'espace est aboli, elle ne se posera pas, suspendue dans un vide implicite. détail de tulipe ne donne pas tulipes, assertion trop appuyée. détail de détails ne résout rien. ne pas étaler, mais saper,

tendre en silence un boomerang de nuances (boeing sud-coréen atteint ou attrapé de biais). vide dans vide n'est pas vide, il est l'essentiel, là où il est sans qu'on le sache. entre x et y, il n'y a qu'une allusion.
ne t'éblouis pas d'immense, s.

elle vole, et ensuite postkarten, morceaux d'espaces découpés dans un creux. jequoi, dans le train qui le mène à b seconde via b prime, s'emploie à concrétiser son cold (ouvre la fenêtre, mime une chair de poule inopinée, s'effraie ou meurt d'un coup), sans fabriquer de tautologie infinie, la quintessence du cold (un cold est un cold comme un prince est un prince un père un père un vassal un vassal, confucius ferroviaire, ne manque pourtant pas là de contextes). la droite sinue, c'est dans un coude qu'il voit son cold sur la terrasse de la gare, le train de b seconde détourné par b prime, une accumulation de quois jetés en l'air pour une remise en cause située sur un bord du bodensee entre v et w, petit village prononcé en albanais que jequoi a du mal syllabiquement à recomposer. i-sos-tas ? tru-lo-pos ? œil-lat ? chri-sens-to-mi ?
rencontre au sommet — platitude du lac ? envois de quois, chacun leur tour, contradictoires, jusqu'à la blessure : c'est la guerre (ricochets sur la surface lisse oscillante, des effets). c'est la guerre, non des quois, mais des certitudes, cold se fige en

glace, et c'est dans une ligne droite qu'il apparaît, s'en emparant comme autant de points qui font qu'une droite devient une droite, qu'une droite est une droite, et qu'un pont (celui-là, pas romantique) lancé, et plutôt détruit, sur l'autre bord, est plus efficace que la nage zigzagante au gré du courant, la tête sous, hors de l'eau, brasse et on coule, pour *voir*, crawl et à la surface, le monde à l'envers détourné de son objet.
ce n'est pas jequoi, c'est un autre (comme celle-là n'aimait n'aime toujours pas présent toujours présent les calamars) — et elle, deux parallèles rigoureusement menteuses, finissent par se croiser comme les rails à l'horizon, comme, ensuite, le paysage se bouche, est réduit, donne une forme définitive à l'espace, parallélépipède de chair meubles iris bouches ampoules manque d'air iris d'air où l'on cultive le radis noir et les paradoxes.
(...) jequoi se voit lire ungaretti, en bas du podium un homme aussi grand que lui applaudit (les tilleuls ont verdi). jequoi prend sa place et reçoit un jugement pour prix, non pour la concentration de ses efforts, mais pour son étalement. jequoi ment et n'a pas sa place dans. il lui faut un autre (...).

sur la terrasse lui lit la véritable version du bodensee qui n'est pas encore passé mais futur proche. elle a some trouble with him, ce qu'elle dit en hébreu, jequoi ouvre la bouche, la ferme, s'essaie à la fermer, c'est une organisation complexe, une ligne, qu'elle tente de faire bifurquer, une variante de la ligne (pense jequoi) ou la ligne elle-même, légèrement infléchie, l'obsession d'une ligne bifurquée et à présent alors à présent illusion d'un présent *toute tracée*, définitive jusqu'à ah jusqu'à, le ah est bref contenu presque dans un ouf ou ouaf final le ooouuuii final (trains qui arrivent à leur terminus, s'en vont : de la durée). mais elle pense que non, qu'il dira non, que la meilleure solution est de dire non la première, de nier son non à lui par son non à elle, de s'approprier son non, et d'un non-lui en non-elle, nier doublement ce qu'ils ont fait (vécu) et ce qu'ils auraient pu faire (vivre), gambadant de point en point et jusqu'au point — final.

quoi l'église est
au fond du
couloir une île entourée

— ils iront (de l'eau, comme m.n. le lui a dit, emporter des slips de bain et un guide détecteur d'églises romanes).
de l'eau et l'eau et l'eau et eau et eau et ô et la terre la terre ferme sous les pieds à la descente du marchepied la dernière page en suspension elle descend.
elle n'a pas emporté en détails de slip de bain ni le quoi qui aboie ou celui qui répète quoi écholalique ni le miroir mais

une revue autrichienne d'esthétique qui analyse les rapports réputés complexes entre l'art et le politique selon c.d. et selon l'avis diamétralement opposé d'autres critiques — jequoi la voit dans un biais s'égarer dans la foule, jaillissent des cheveux bruns et un nouveau profil en un éclair — poitrine ? en creux, la vitre teintée de la cuisine et un bol de café chaud et la volonté première au réveil, la mise en représentation mentale d'un nom dans un cartel.
c'est sur le bord extérieur du grand v que forment la gare et la place qui la prolonge qu'elle s'égare, dans le nuage de fumée que jequoi vaporise à l'intersection des deux branches de la lettre, de la willy-brandt weg, ex konrad-adenauer strasse, ex adolf-hitler allee, où en son centre une statue 
de käthe kollwitz a été naguère plastiquée (on l'a fondue pour en faire des pièces de un deutsche mark), l'eau dégoulinant sur son visage (sous les yeux, forme de longues traînées sinueuses), l'eau des fleurs, pense-t-elle, et ne pense-t-elle pas à cet instant tulipe, et photographie l'image d'une tulipe éclose et droite, jaune dans son ciré printanier, tulipe femelle armée de quois dévastateurs et jamais lancés. elle sait alors qu'il pleut et que dieu n'existe pas. elle sait beaucoup de choses, que l'entrée est sur sa gauche, mais elle se trompe, que le train n'est pas encore reparti et qu'elle peut le prendre, mais elle se trompe, que celui qui l'attend à l'angle droit du triangle, mais elle se trompe, est bien celui qui *doit* l'attendre. jequoi lui tend une main, la première,

dans l'espace encore assez grand et uniforme pour en introduire une, elle repousse une mèche de ses cheveux courts derrière l'oreille et lui demande question resserrée à l'extrême woistderplatzbitte sans intonation et jequoi entend wann et lui répond aujourd'hui en lapon profitez-en demain une nouvelle statue est inaugurée et la place ne sera plus la place une autre place baptisée d'un nouveau nom toutes les cinq minutes (elle saisit endroit et l'endroit est à l'envers).

une position de face est une position oblique à venir.

après que jequoi a tendu la main (la main tendue pour la seconde fois mais à son fantasme, celle qu'il voulut passé qui revient abruptement serrer dans ses bras comme on serre une idée), un grand blanc obscurcit le paysage (l'horizon quintessence de l'enfer totalitaire si personne votre frère votre voisin votre chien ne sait vous dire ce qu'il y a après), gomme les limites patiemment dessinées rendant un espace plan illimité. rien avant rien après rien pendant, l'enfer partout. elle dit, c'est un rêve, bien que jequoi (à présent contrôle son débit, dans le creux choisit les mots appropriés, ou qui lui semblent à l'instant tels, et les lui attribue, forçant la bouche à mastiquer un discours officiel que les événements

délivrent, comme paysage-chat-fax-arbre, obscurci) préfère le sommeil ou l'insomnie.
elle ne se réveille pas dans son lit, ne voit pas ce corps étranger dans le pli des draps ni les fautes parsemant (specks, dit jequoi) la ligne tracée au lipstick sur le miroir, composition de géraniums-lierres s'entrouvrant et la dissimulant alors dans la même seconde — elle répète seconde seconde comme un mot nouveau effacé, grimace sans sentir qu'elle grimace.
il ne se réveille pas dans son lit, jour d'insomnie il sent ses nerfs nervures ramifications et le craquement des os à chaque mouvement décompose chaque mouvement pour éprouver l'épreuve éprouvante, devenue totalité réfléchie de sa fonction, tautologie. 

l'arrivée sur le bodensee n'est ni une histoire un épisode une digression, elle est un détail fugace logé dans le creux éphémère du punching-ball — un matin de novembre sur l'île de solitude jequoi comptait ses quois.
elle ne se réveille pas, elle traverse (son poème à peine terminé elle reprend le poème et y renonce et c'est toujours le poème, et autre chose, tentative à peine tentative d'organiser des quois déjà lancés, accrochés quelque part, le service minimum. c'est ce quelque part qui pose question).

la question de l'alter ego est aussi d'être quelque part.
ou : d'être nulle part et partout à la fois, envisager une amplitude n'est pas exagéré, mais réducteur, un espace recouvert de divisions : le bord extérieur du bar est infini, comme alter ego il n'a pas de sens. savent-ils à quel moment la vitesse s'est accélérée (le sol n'a pas tremblé mais son auriculaire ou mon coude gêné par les verres sales qui se sont mis à tourner autour avant de se figer, cadrage aussitôt déplacé subtilisé par la chaleur ambiante), ou au contraire ont-ils senti une décélération, un mouvement continu et régulier vers l'immobilité, comme main tendue voudrait le faire accroire. cela au creux du punching-ball. et c'est un fait présent indicatif que jequoi sait qu'elle s'en va, excellente driveuse, pour francfort, ou strasbourg, elle ne crie pas barcelona, elle ne crie rien, concentrée sur les lignes blanches de l'autostrade. tout se déroule, dans le même temps se défait. tout pourtant s'incruste, mais invisible. un seul parcours, dominé par la fraction (voler et conduire et dans le train qui le mène à) : un trajet est un trajet est plusieurs (jequoi suit du doigt le bord intérieur de la mappemonde, n'y voit que les lions, parfois la trace possible d'un boomerang passé depuis longtemps).
être alter ego n'est pas une profession.
il a oublié l'eau dans le vase sans fleurs et l'eau pue, tout développement cohérent est impossible.
être alter ego n'est pas une profession. rien à toucher, que l'absence, la caresse de l'absence, à émietter lentement, et

jequoi émiette, ce qui l'oppose à toute chronologie (le cinq heures de l'émiettement revient à faire un trou dans une masse compacte, et non à le boucher). dans la chambre où ses quois se sont évaporés, j'ai pensé (l'insomnie porte conseil) au jequoi de la présence (un gant retourné est *trop* retourné), au plaisir qu'il en éprouvait, de profil et sans toucher autre chose que l'air entre elle et lui se densifiant pour former à la fin un mur réputé infranchissable qu'ils tentèrent tentent encore perfect vieillissant pas encore fini de traverser. c'est ce qu'il s'est dit a pensé dans la chambre berlinoise fenêtres fermées pendant que le galeriste explique qu'il comprend et qu'il faut à l'instant se taire et reprendre et se taire et bifurquer en se taisant. c'est ce qu'elle a vu 
dans son vol au-dessus de l'océan, la masse immobile et pourtant franchie.

il n'y a pas d'évolution dans l'alter ego, qu'une répétition du même dans le même. ils simulent des variations, bons mimes de leurs sensations, puisqu'ils y croient, et elle dit, j'y crois, au-dessus de l'océan *à cet instant* quand la vague qui surgit de la vague n'est pas *cette* vague à l'œil nu. mais ce n'est pas la vague, dans la chambre berlinoise ce n'est pas la vague, c'est le moment dans la chambre berlinoise où la vague détachée de la vague se creuse et c'est encore la vague et ce n'est plus une vague et ce n'est plus.

obsession du bodensee (...) il lit une nouvelle fois ungaretti à l'horizontale sans marquer le vers cursivement lit les poèmes sans arrêter lit une masse : sensation d'épuisement et d'annulation (...) : la vaporisation du bodensee est égale à torpeur — obscurcissement — plus de lumière, disait-il, et néanmoins cela s'éteint en un littéralement clin d'œil : opacité de l'eau (voilà pourquoi ses cheveux *deviennent* noirs ?) qui recouvre et la recouvre et recouvre tout.

cela aussi lui a demandé un effort : ne pas savoir et faire avec.



obsession d'une photo prise sur une terrasse (jequoi prend la même, de la terrasse, et les choses — paysage cadré depuis l'enfance — se révèlent cyniques à elles-mêmes, simple doublure sans représentation) : son sourire, qu'il ne voit pas, et le déclencheur de tout et de la tulipe sortie de terre et éclose et fanée et pourrie et sortie de terre et de l'iris ou du fait même plutôt banal de parler de l'iris et de l'écrire en quatre lettres comme on le lui a appris et du profil et du bodensee et de la main que l'on tend et tendue trop tard dans l'espace ou dans le sans-espace à ranger les quois et de l'etc. de ce qui vient viendra comme vient un libero libéré de prose marquer un but et contre son camp et le déclencheur et enfin lui, *lui* qui survient, que le déclencheur double et atteste.

obsession d'une obsession : ne plus être alter ego (et comment être autre lorsqu'on ne veut plus être je).
obsession d'une répétition qui s'annule annulant toute répétition tout principe de répétition.

jequoi, dans la ville x, a tout oublié de la ville y, du moins soudain voit-il une ligne en biffer une autre — ni sécante ni angle droit — et l'effacer. et s'effacer. jusqu'à ce qu'il n'y ait plus trace de l'effacement. de l'air vidé d'oxygène. de l'air sans air, un espace tonitruant (tonitué, aurait dit j.r.) incalculable et impalpable. (dans la ville y, il y a longtemps, est entré dans une église, y fit un signe de croix évasif, pour échapper à son voisin de compartiment depuis wels). (dans la ville y, il y a longtemps, a couru en compagnie de son cousin pour attraper le tram sans y réussir).
il y a longtemps est en trop, le passé est à peine une indication, un relevé des événements momentanément en mémoire (ce temps est au présent) et qui sont (déjà ?) seront oubliés, par lui et par tous, partout. et s. sera oubliée aussi. et s. sera oubliée. par tous et partout. comme le dernier but d'un avant-centre hypothétique de la prose. le tout recouvert d'un grand couvercle, et les tulipes moisies (puis décomposées, puis nulle trace).
jequoi a tout oublié de la ville y, et c'est momentané (présent progressif) : une ligne droite menteuse et qui, si près

de son but oblique, redevient droite, et oblique à nouveau (il faut un surcroît d'obliquité pour vouloir gagner une partie dont on ne connaîtra jamais le vainqueur car : la droite débordera de son cadre, invisible ensuite, mais poursuivant son travail, incessant et identique, violent).

c'est un jeu d'o
blique et de *face*
*to face* oblique
en etc. alors
etc.
la ligne à présent (oui, c'est à présent et jequoi attend un coup de téléphone non urgent qu'il attend sans attendre, qui lui téléphonerait ici dans la chambre berlinoise) perturbée par la parenthèse ne sait pas très bien où elle va doit aller si elle doit aller et qui la dirige. il y a une parenthèse et du silence, excepté le tapotement des doigts (au moins cinq) sur le clavier de l'ordinateur.
et juliana hattfield.
and the smile of the cat with a smile true a good one yes : actions dans leur intégralité — couper et souder, dégager de l'éphémère (l'attente d'un coup de fil), un semblant d'inorganisé (elle dans son cagibi d'heidelberg surprise à écrire tard dans la nuit du lundi au vendredi ses quois dans la poche elle veut mais elle veut et reveut et sa volonté

s'annule dans un survouloir illusoire, la pousse à éteindre prématurément la lumière).
(ou elle de retour dans la chambre au cartel tend une main vers le mur n'est plus vert l'océan alentour débarrassé de toutes les giroflées.) elle annule la lumière. la lumière percute son miroir ses cheveux roux épars, invisibles. elle ne se retourne plus, dans l'attente d'un geste, quand, par exemple, jequoi fait un pas dans la rue, et c'est toujours le même, tourne à droite et à gauche, et dans un mauvais espagnol demande drei rote zigaretten bitte monotone et murmuré.
ils analysent la distance, mais jamais froidement, et laissent leurs sentiments déborder, creuser la distance croyant la saborder : ça travaille (être alter ego : croire voir à tout instant l'autre copier des signes de reconnaissance et les tester dans un même mouvement).
quand ils se rencontrent, ils ne se parlent pas, ou dans un sabir qui l'amuse (jequoi) et qui l'exaspère (elle). personne ne saura dire en somme dans une foule compacte qui avance quels types de relations ils ont nouées ensemble.
quand ils se rencontrent ils
ne se parlent pas ou dans
un sabir qui l'amuse et qui
l'exaspère personne ne saura
dire en somme dans une foule
compacte qui avance quels types

de relations ils ont
nouées ensemble.
parfois cela ne change rien. ni personne. ni de se déplacer : l'agrandissement d'un détail (bodensee) pour son exemplarité, non pour son authenticité, ne change pas le cours, simplement le dévie, et de déviation en déviation, le cours de ces notes quotidiennes (des exceptions) s'émancipe de toute structure (informe ou informelle : y réfléchir) et presque de tout propos, ou le propos vacille, tournant sans arrêt dans l'espace sans espace où des mains se sont tendues résolument passé pour se chercher et donner forme au nom.
le propos a mal au cœur. l'alter ego est sans objet. son propre sujet et il n'y a pas de sujet. il n'y a que des contraintes (passer dans un minimum de temps de la cuisine à la chambre, et inscrire le temps du chronomètre sur une feuille de papier) et du flux (passer d'une chose à une autre et s'assurer qu'elles passent sans retenue).



les fleurs ont mal au cœur, le printemps dépassé (attendre un printemps futur, ouvrir les portes du temple, cesser le combat), et les fleurs sans fleurs des fleurs estivales ne sont pas encore nées.
tu voudrais que cela ne soit qu'une exception : replier le pli tant qu'il forme un point, exemple d'une multitude de points

à venir (mais où s'ancrer, nulle part, dit jequoi dans le train qui l'emmène loin du bodensee, mais où, il l'ignore).
s'il la tutoie, c'est qu'il ne sait plus dire je, prisonnier de son tu (au moins le elle sauvait ou sauve encore les apparences, dit jequoi récitant quelques quois, et constate qu'ils sont inopérants), lorsque le poing (il y a une conjonction entre le poing et le tu, simulation violente de la caresse jamais entreprise, un en dehors d'elle qui veut contraindre le non au oui et c'est encore non) vient percuter le punching-ball à l'endroit où tant et tant de fois il l'a percuté : le cuir résorbe un creux en un blop (et c'est *donc* non). et c'est tout. et maintenant c'est tout. qu'un blop. o bref accentué. dans la chambre berlinoise le blop. robinet qui fuit. bulle de savon éclatant. son dernier mot avant d'en finir : avortons de discussions, en n'importe quoi, son inuit pour son suédois, son allemand pour son grec, son hébreu pour son chinois, son thaï pour son papou, en n'importe quoi jamais parlé, jamais entendu (ou seulement quand les touristes dénudées parlent fort sur la plage en commandant des glaces à la fraise), jamais compris, comme il ne la comprend pas, son œillet fané à la boutonnière, tandis qu'elle mime avec sa bouche le canard et la belette et l'otarie et la loutre et la chèvre, et aucun son ne sort.
ce jour-là, ils ne s'embrassèrent pas.
ce jour-là n'était pas un jour mais une reprise du jour en lumière artificielle. une reprise de tous les jours sans dis-

tinction : ensemble vide. et dans le détail des jours : ensemble vide, encore. elle dit qu'en ajoutant de la vie à la vie on ne soustrait pas, on annule (on obtient zéro).
et elle dit, mais pourquoi jequoi ne se demande-t-il pas ce que signifie « ce jour-là », comment il advint qu'il eût une spécificité, et si cette spécificité valait la peine d'être si spécifique pour qu'on en parlât aussitôt ou bien plus tard, et bien plus tard est bien plus gênant qu'aussitôt, aussitôt est sous le coup de la spontanéité, une erreur de jugement due à la proximité, mais *bien plus tard* est simplement gênant, la distance entre le jour et un autre jour est gênante, et la distance entre le jour-jour et le jour-souvenir ne conclut à rien d'autre qu'à la véracité de la distance, et quand bien même ce jour eut été extraordinaire, ou exceptionnellement ordinaire, et quand bien même ce jour eut lieu, car il eut lieu comme tous les autres jours, il eut lieu simplement et un jour succéda à un jour, et un autre jour à un autre, et quand il eut lieu, on dit voici un jour, ou rien, car la vie n'est faite que de jours (on dit jour pour le jour et la nuit), et on fit ou on ne fit rien dans ce jour, on vécut et on dormit, ou ce fut une insomnie, ou ce fut un long sommeil paisible, ou agité, ou qui s'en souvient, car ce jour n'eut rien d'extraordinaire, il eut vingt-quatre heures et pas un blop ne sortit du punching-ball, il eut des minutes et des secondes et des millièmes de secondes imperceptibles et que personne ne compta, il eut ceci et cela, et encore ceci

et cela, jusqu'à finir à minuit une seconde après ce fut un nouveau jour et rien ne changea.

il ne la comprit pas est faux — il ne la comprend pas présent renouvelé.

jequoi devient. il n'attend pas le jour, le jour vient.
elle absente, le jour se succède à lui-même, parfait dictateur.
les verts verdissent, pâlissent, sèchent et marronnassent.
verdissent. perdent de leur verdeur et la verdeur est encore la verdeur. verte.



(ne pas fumer ne pas boire, il aurait pu être heureux.)

voici donc cette nuit à la lumière artificielle (ici, à berlin, et sans soviets) qui intervient, sans autre calcul que passer, longer le bord intérieur de la durée, enveloppant le devenir de jequoi et s'en dessaisissant, et ce qu'il devient, qu'en sait-il, devient-il ce que les autres nomment quelqu'un, un passage dans la rue passé inaperçu (mais l'espace comprend son corps qui se porte), ou nom répertorié, cartel, et c'est une main qui se tend à la faveur d'un effet extérieur, qu'il

peut lire sur le cartel, dans l'annuaire et sur les lettres timbrées qui lui parviennent, sur la porte de la chambre de berlin et sur la liste des habitués de la cafétéria, sur les publicités précédées d'un mon cher et c'est encore lui, ou est-ce un corps détaché de son nominatif, accusatif que tranche la réalité, poussé par la monotonie et le refus ou l'impossibilité de l'inaction, qui fait avec ce corps trois pas dans la cuisine et recule pour *s'éclairer*, et avance pour toucher le bord froid d'une tasse, et l'empoigner lentement, et boire lentement, et la reposer lentement, sans penser au devenir qui vieillit et à son peu d'avenir. qui sait (sans point d'interrogation, plutôt un point, se dit-il, d'exclamation, mais dans l'incertitude ne le note pas).
voici cette nuit et il pousse ses mouvements jusqu'au jour, où l'insomnie laisse place à une torpeur qui déréalise et rend extérieur le moindre objet, sans début ni fin.
voici, ça suffit.
voici (elle la nuit même où elle peut dire dans un couloir i like you le désir fluctue d'en dire trop et pas assez, *donc* de dire juste.
juste cela sans rien à interpréter).



sans rien *interpréter*. dans les couloirs de la gare de konstanz, mais c'est du passé, pense jequoi, dans le train qui l'emmène encore il ne sait où, et ce passé ne veut pas s'insérer dans son moment présent (s'il se l'attribue, ses voisins de compartiment prendront de l'épaisseur), ce serait trop facile qu'il s'intercale (ça n'aurait pas de sens, se dit-il), qu'il s'y dissolve, ce serait trop beau, ce serait trop grand. dès qu'il pense au passé, il n'y a plus de passé, que du présent pur, qu'il fabrique là à l'instant et qu'il polit et qu'il parle. rien que de parler le passé le fait disparaître instantanément. rien que de le fabriquer lui donne sa dimension de présent. jequoi se souvient. et son souvenir, rien d'autre qu'un là maintenant (ça changera ensuite). rien d'autre que ce là *maintenant* (ça a changé ensuite). ça changera ensuite. ça s'engluera dans l'ensuite, et ça mourra de soi-même (même pas une petite maladie venue de l'extérieur, une extinction interne après épuisement des variations). voilà son bodensee, son souvenir de konstanz, l'archipel du souvenir venu buter contre d'autres archipels, plus récents ou anciens, pour s'y mélanger, mélanger les pièces du meccano et en produire d'autres, qu'on dira, et qu'on dira encore, qu'on reprendra pour les dire, et qui ne constituent rien de plus que des pages et des pages de narrations à contexte vitesse et durée variables.



et jequoi emporte (wagon n° 78, place assise n° 34, seconde classe non-fumeur) son bric-à-brac de quois (la bulle fait blop, aussi) et d'espaces et de temps en lamelles et de verts

qui seraient seront bleus et seraient seront jaunes et verts et bien verts (elle prend le temps de chausser ses lunettes de soleil et voit, bien qu'il fasse sombre) — il dit elle dit seraient seront qu'ils étaient verts ces
verts de durées scindées
de durées vertes.

et un morceau de sucre fond plus vite que jequoi (il n'a pas observé le morceau fondre, s'est fondu dans les verts, la durée de sa fusion plus authentique selon lui que celle du sucre, son unique durée : le chronomètre indique 00.00.0000).
un café. une cigarette. un café. une cigarette au chronomètre est-elle encore une cigarette grillée ? un café au chronomètre est-il boire un café ? (elle dit, la cigarette à être grillée le sucre à fondre et le café à être bu jamais ne seront grillés fondus et bus dans le temps unique du chronomètre. le temps se multiplie, multiplications sans répétition, variables, encore.)
le temps aussi est variable, la pluie n'est pas pour tout le monde de la même brièveté et de la même longueur, du même instantané.
la pluie ne se préoccupe pas des quois verts. c'est un acquis.

# EN SURFACES

donne son profil gauche : italienne.
donne son profil droit : américaine.
tu as deux profils identiques, de face tu es dissymétrique.
tu est jequoi. c'est une surface, encore incolore, sans relief, specks pointés hors. il n'y a pas encore de corps, ou par instants, il y a un corpus crépusculaire d'expressions toutes faites. par exemple, il ne lui dit pas tu, mais vous : ils se disent tu et vous en échange de quoi (elle lui a fait penser qu'il fallait lui dire tu, tout de suite, à cet instant qui est le premier instant d'une pensée). par exemple, jequoi n'a pas d'arguments, il n'y a que les siens qui comptent. jequoi entre en réalité en réalité, qui ne sont pas interchangeables, qui sont à leur place de mots dans la phrase, et dans la représentation de la phrase, qui sont à leur place au moment où il se parle, ou c'est elle qui vous parle, et c'est ainsi. par exemple, toujours elle boit sa bière comme cela ne se dit pas (mais entre dans le corpus). par exemple, elle mange

avec une fourchette et un couteau n'a rien d'extraordinaire, tout est dans la façon. c'est ce qu'elle pense et dit, et sait qu'on la manipule (car elle manipule).

elle a dit : ce mec me plaît (version i like you déplacée et doublée), comme on dit en passant ce mec vous plairait si, ou incidemment (en passant et incidemment ne sont pas identiques), ou inconsciemment, si inconsciemment que le présent de la phrase s'échappe dans un passé très incertain.

elle donne son profil gauche n'est pas une victoire en soi, ou c'est une victoire du déplacement, non du corps, mais du corpus. de la lettre a à la lettre b, il y a l'espace d'un temps marqué du pied gauche ou du droit, c'est indifférent. elle donne son profil, mais ne le montre pas (dans l'activité du regard, il y a inclus une activité sous-jacente du toucher). ce qu'elle montre, ce sont des mains fines qui, in fine, couvrent son visage, la partie de son visage que jequoi nomme italienne.
elle donne son profil, et aussitôt baisse la tête, et dit, c'est inconscient, ou c'est anormal, ou c'est après, bien après les quatre verres de vin que j'ai bus.

par exemple, la phrase n'a pas été prononcée, à ce moment court où le vous précède le tu, la connaissance de qui ou quoi, son amoindrissement (il ne connaît bien que les quis et les quois qu'il n'a jamais vus), puis elle l'est présent progressif mais l'est après, repoussée et presque retirée, repoussée jusqu'à sa plus simple expression. ou c'est une phrase mal comprise, elle dit, je ne l'ai pas dite comme ça, c'est une évaporation de comme ça, puis un comme ci qui signifie là c'est bien celle-là, c'est bien *là*, c'est bien les quelques mots qu'elle a choisi de prononcer.
ou elle ne se souvient plus. elle, oui, mais tu se souvient, et vous recompose juste avant la phrase telle quelle est bien présent et non était. la phrase qui était est une phrase perdue.



avant ses profils gauche et droit, il y a son visage de face, son sourire de face aux mots c'est fermé, sourire incalculé aux prétentions invisibles.
il y a c'est fermé qu'elle enferme dans un sourire, et la rue, et l'itinéraire que jequoi trace jusqu'à un c'est ouvert de lumières (donnez-moi une bière, mais vous ne croyez pas qu'il y aurait cette bière si, au lieu de donnez, il y avait payez, et bière entamée à moitié ?).
son visage de face pose des questions, lui n'attend que des réponses.

trouvez-vous qu'il peut changer de mode, faire obstruction ou tenter ou tâter du relatif, faire comme si et par jeu, revenir en avant et lui faire consumer l'action. c'est une question (donc, ne pas y répondre. vous n'y répondez pas, mais elle répond, elle dit, votre jambe gauche de profil est plus courte que l'autre, votre main droite n'a pas ce profil-là, tout est là, et là, c'est moi, à quelques mètres, sans vous frôler, jamais, mais en vous frôlant, mes lissés indiens vous atteindraient-ils toujours sans point d'interrogation, c'est moi qui pose les questions).

c'est, dis-moi, dit-il, une question (votre profil agile, et désespérant, et vous ne savez pas ce que vous valez de face, ou en façade, même en rase campagne vous ne le savez pas, tu ne le sais pas, il ne le sait pas, c'est un non plus à élucubrer de quoi).

c'est donc la question : pourquoi aujourd'hui à l'instant elle est ici, dans ce pub, dans cette fiction de pub, qui pubevirera tout, attention, car cela va très vite : elle dit, je suis à moitié vénitienne, et corrige, vénitienne, et corrige, mais de naples, et corrige, je vis à paris, et corrige, je ne trouve pas mes marques (valent les italiques), et corrige, c'est à vous, mais qu'est-ce qui est à jequoi à part ses quois lancés et indivisibles (comme, dit-elle, et s'en tient là). il corrige : l'avez-vous vue hier soir (c'est bien une fiction), comme il l'a vue, lui, dans ce travers qui est une surface dépolie. et corrige : à stuttgart, à vienna (sans dictionnaire de rimes, elle prononce vienna sans ostentation ni accent). il corrige : est-ce tant la correction qui vous intéresse, il a vu votre pied bouger de manière intéressante et cependant non significative. il a vu votre pied se déplacer d'un millimètre. il a vu, tu as vu et jequoi, aussi, a vu, alors : parle en moldave ou en roumain. mais parle.

parle et déplace, c'est impératif (il pense : itératif), dans le moment-bière comme dans le moment-restaurant comme dans l'instant-profil et dans l'instant-résolution-non-résolution insolvable. comme (il faut respirer : et point) dans le moment inespéré où elle s'entend parler, et parle, et parle tant, qu'à la fin elle parla. et comme le mot oui, distribué dans l'écoute, et comme le mot zéro, reproduit dans l'absolu, et comme lame et manipulation et mensonge : vous mentez, mademoiselle (elle a tant menti que jequoi s'est ou s'était passé reformable senti le besoin de reprendre la parole). elle ment, mademoiselle (et c'est lui qui parlait), elle ment, car son profil n'a rien, non, rien-à-voir, en tirets systématiques, étiré systématique et système à décomposer (décompulser est écrit sur la feuille de route), d'italien ou d'américain, d'irreproductible ou d'irreprésentable, d'irrequelquechose et (entendez bien le et) d'irrereprochable. il ne sait plus si sa tendance à dire et dire et dire et dire, si son malheur (à elle) et son malheur (à lui). leurs tendances.

ce qu'il y a d'amusant : pas de tulipe. pas de fleurs non plus. tulipe exclut d'emblée fleurs. exclut le pluriel. veut singularité. et pas là, pas là (dit-elle), il ne l'entend plus de cette oreille profil gauche sans altérité.

l'avant gauche de la gauche poetric bretonne n'est pas sélectionné en équipe de quoi et voilà.



c'est un passage, une bourrasque, une intempestive, elle le dit comme il lui faudrait parfois le penser, c'est un gouffre, un éteignoir, son profil est divin *si* divin est craint et cru (jequoi dit : nein), son profil droit meilleur et il s'arrête là, son truc et chose inconnu (et c'est aberrant : aberrant de chichis et de conduite au-delà et de et surtout de große hy-po-cri-sie), son est même inconnu (qu'en pense qui, par exemple), et il n'y a rien de connu d'elle, sauf par qui, et jequoi ne sait par où, par où commencer la question, la première, qui vient après la première bière (payée), elle dit non, il dit, continuons, que reste-t-il de nos amours fugaces à ratisbonne, votre impératif ? ou son impératif ? quoi de mieux qu'un impératif, non ou quoi. quoi des amours fugaces, quoi, sans titre ni droit, et sans amour, just a word like that, disiez-vous en quelle langue disait-il, disiez-vous en quelle langue qui vous ressemble, et il utilise votre elle avec intempestivité.

il utilise votre avec amertume, il utilise votre avec suavité et quelle réponse à l'intérieur, quelle réponse, none, quelle réponse à travers votre amertume et votre suavité visibles, jequoi ne répond rien, jequoi est muet, aussi (est-ce assez d'écrire aussi), elle n'a de réponse à recevoir de personne. il est unheilbar (est-ce assez) ou gar nicht (est-ce assez) ou tout juste berlin-berlin pour entretien marseillais avec new york wang-wang.
est-ce amusant votre introduction (il parle en maître), son essayage d'introduction à vouloir parler de et encore vouloir parler de chantage (car elle est out of chantage) lorsqu'il vous dit, arrête, il n'y a rien qui ne soit écrit qui ne soit lu et ne soit compris par qui elle sait, par qui elle sait est une litote, c'est bien le moins, par qui elle sait est ce jamais elle ne saura quelque chose de l'intempestif et de l'inanité. est-ce amusant votre désir de continuation (elle sait, ainsi, qu'il l'abuse) et son désir passé vraiment passé d'observation, est-ce amusant, si tant est que, dit-elle, si tant, et voilà ou revoilà les réponses qui fusent, comme elles doivent, comme elles doivent, à cet instant, fuser, non pour un plaisir mais pour une authenticité de profil. jequoi n'est pas authentique, jequoi est un menteur (d'autant plus qu'alteregomanie n'est pas en cause, ni en suspens, ni en rien qui ne soit *réel*, soyons en reste, et restons, restons, please, à la même table de café que l'autre, idoine).

l'arrière droit de la prosatic' team shoote comme on shoote à l'entraînement. il rêve en catalan.

s'il n'y avait des tubes cathodiques efflorescents au fond de son regard sans profil, ses yeux seraient vides, ou vidés, iris au besoin licencieux effondrés dans un blanc. il y aurait moins de chaleur, un peu plus de nausée dans sa façon de déchirer l'espace sans le voir, au coupe-coupe synthétique incertain. il y aurait son déhanchement sans volonté de la table au bar et retour, et plus jamais de réponses (en silence, dans son regard, il y a logée une réponse immanquable à interpréter).
si plus jamais de réponses : ensemble et texte vides (eux aussi), elle et son retour à l'envoyeur, son quoi magistral sorti de sa manche, roi de carreau inattendu et claqué sur la table dans un grand schlack (jequoi n'a qu'un sept ou un huit, pas d'as). elle dit, vous vous méprenez, ou vous me malmenez (tirage de vers du nez dans une malle-poste prosaïque), je ne suis pas, figure-toi, ce que vous semblez dire, ou pliée en quatre, sinon en huit, dans votre poche à fictions, je me déplie et sort, je vous déplie, vous n'êtes qu'une surface haletante, en attente de cela (autant dire de la caser dans une non-histoire qui est non sienne) : que ma porosité porosite votre porosité, que mon obliquité tranche la vôtre, séquences de sécantes à votre profit.

jequoi triture l'inverse, recule dans la pente glissante pour atteindre son propre carrefour (des plantes diverses y ont poussé) où l'attend une question qu'il lui faut distribuer : à elle, et non à *elle*, ni à un tu ou à un vous, trop concrets, un elle plus abstrait que sa robe longue multicolore. ou sa rousseur trop rousse. ou ce lissé impeccable des mains sur la table. ou un roucoulement d'oiseau tranchant et trompeur. ou un peu de mousse s'agitant sur la lèvre profil supérieur droit.

c'est à surprendre : babil sans dégénérescence, presque, on dirait, de naissance, babil à jouets déjà cassés, dans un comme ça sans révolte, dans un normal c'est normal, en invariable et sans distinction en deux sens. elle surprend, et dit, et votre désir de me surprendre, et non de me ravir, votre désir d'accéder à mon caché-fleur sans fleur, en n'importe quelle langue, et surtout dans un français trop impeccable, donc méandreux, votre fausseté doublant la mienne, mon caché révélé au grand jour, dans ce baigné de lumières-nuit. tu exagères, dit-elle, jequoi aurait aimé entendre il, sans qu'elle baisse les yeux, dans un simili-face-à-face en vrai biais, juste à cet instant totalement présent, juste à cet instant où il n'y a pas de retard à combler dans le dénouement du questionnaire : la réponse est présent fugitif là — et non-là tout aussi fugitif en accéléré. prestissimo aux commandes.

donnez-moi encore votre profil gauche, à l'italienne, à la vérité en élucubrations, et plutôt à la sarde, ou à la sicilienne.
elle ne donne jamais son profil de la même manière. ce n'est pas une question d'intensités, mais de compréhension de phonèmes sans liens et éphémères, voyez son profil toscan passé napolitain ligure sans transition. un *ladro* n'est pas *un* ladro, et pulite jamais pulite après onze heures du soir — avec décalage horaire, évidemment.
le problème des voyages, c'est qu'ils doivent s'effectuer lentement. l'avion ne les y aide pas. des profils d'avions planant en multilangues. vus du ciel, ils sont à présent obliques. son profil gauche supersonique étiré par mach 2 est sans solution. dans l'immensité, on dit qu'il passe, dans le rapproché, il est invisible et sans durée.
elle dit de face et en araméen, ne pense-t-il pas alors à son immobilité à elle comme à un trajet sans points (une lumière sans projection est immobile aussi), surface à colorier uniment, où se déplacer signifierait rester à la même place, dans le même plan (de même couleur, même tonalité, sans grain ni trait) et la même temporalité (bloquée).



jequoi saute d'une humeur à l'autre, c'est toujours la même humeur, comme revient toujours la même question, a semblé un moment modulée, ou dans un processus de modulation, stoppée alors, ou retardée, ou au départ sans viabilité (valeur des leurres, pense jequoi). c'est une question de stabilité, ou de rétrécissement. ou, tout simplement, une question de disponibilité. tu possèdes trois adverbes, dit-il, un peu moins de verbes, un pronom personnel, pas assez de possessifs, et trop de démonstratifs. par exemple, lorsqu'elle dit savoir le nom commun de tous, elle ment. par exemple, lorsqu'elle emploie le verbe plaire, jequoi ne l'entend que de son oreille à profil droit, et son oreille à profil gauche est sourde, peut-être muette, et le verbe plaire est aussi un verbe muet. par exemple, toujours son hésitation à conjuguer.

c'est une autre langue, pourquoi pas ? une langue infinitive, qui évite le présent et le passé, qui surfe sur un temps sans densité. essayer le chinois, l'ouzbek ou le finnois ne servira à rien. essayer tout court ne sert à rien. il s'agit de savoir ne pas savoir servir, et ne rien tenter. excepté servir une bière, dit-elle, pour faire diversion.



jequoi avait pensé, puisque le passé sans actualisation semble non pas éloigné mais impalpable, qu'en comparant son profil droit et son profil gauche il obtiendrait une vérité, comme un écoulement subit d'eau claire ou un glissement de terrain ou, par une soudaine force d'entraînement en deux sens, une avalanche, the biggest avalanche, un tout est dit rejetant le tout serait dit dans les profondeurs érodées de l'obsolescence.

(servir une seconde bière n'a plus alors aucune importance.)
il faudrait pour cela être en surplomb, non en surface, et ne pas glisser à l'intérieur, se faire étouffer par les pronoms possessifs, et désirer servir pour plaire, et plaire pour servir, dans des intensités infinitives. il faudrait est un retour, plutôt une régression. jequoi pense à cet instant qui n'est qu'un instant déjà passé sans bonheur ni malheur où la vie est une lente régression.
(cette page infiltre, flatte et meuble la régression.)
(cette bière — première ou seconde — et son contexte, bord du bar touché à retour au bord d'une table touchée, n'est qu'un aspect courant de la régression, moins désespérant que l'attente.)
il faut finir et commencer la page, et c'est toujours la même.
voilà : il n'y a d'arrière droit que pour dire arrière droit.
voilà : son profil n'atteint jamais profil, pourtant profil égale profil, profil régresse jusqu'à profil, et c'est encore le même profil (sa main-masque n'y change rien).
voilà : elle dit à présent, jequoi perd le fil du discours (et jequoi admet dans un élan de contrition non additionnel que le fil n'existe pas, et qu'un discours sans fil est une façon de commettre l'irréparable dans la non-confusion). c'est une stratégie d'enlisement. c'est un enlisement après glissement (glissendo doucement : réponse à un prestissimo désormais ancien trop prestissimo). c'est une façon plausible de ne parler en société que des langues incompréhensibles, pour

soi y compris. c'est une stratégie ou une façon de faire, à elle de décider — il y a, si vous l'avez suivi, dans les plis de sa robe un désordre à venir.

changer le rythme, si on veut, le beat sans beat est à mouvements zéro (type hong-kong fu fu). redresser les heures de l'horloge, si on veut, l'heure sans heure sonne toujours la même non-heure. servir la bière et la boire des yeux, si on veut, le liquide de marbre s'évacuera uniquement par le souffle qui est une érosion naturelle.



je
quoi à motifs à remonter
en quois
vous fait remarquer
à vous sans votre vous
vous que ceci n'est rien d'autre —
c'est une variation. pour se trouver dans un restaurant parisien coquet, il faut effacer la séquence précédente, sans trait de gomme et sans faire de taches, sinon la surface devient impossible (il veut dire : mesurable), et tout, jequoi dit bien tout, est à jouer.
elle montre à nouveau son profil.
*elle montre à nouveau son profil.*

droit, puis gauche (il le croit). il le croit, revient à la première page, vérifie et témoigne. repassez au bon moment, dit-elle, vous aurez dans mes yeux de quoi lire, comme si elle avait troqué passé bien improbable ses iris contre des pâquerettes.

c'est dans son profil montré que tout se cache et se casse. qu'il soit italien, américain, belge ou flamand n'est qu'illusions multipliables. il est d'abord instrument d'une manipulation aux origines diverses. il est superposable aux sociétés modernes. il est adaptable à une vie courante néolibérale. il est contemporain des ajustements monétaires, de la création de monnaies uniques (grand zéro et prostituée) et de l'explosion des marchés de services. le profil de l'effondrement manufacturier (profil non sidérurgique).
c'est une idée de restaurant (ou se déroulant comme un vieux tapis battu dans un restaurant) — pas vraiment roborative. c'est une idée textile ou minière ou, justement, sidérurgique, une idée à expiration de charrues huard presque spontanée (tentative de conceptualiser la fatalité). une idée non spéculative (son visage de profils est en effet motif à spéculations sur origines étrangères comme bouche-trous pratiques). une idée de rien du tout, un fragment d'idée (ou une idée en pièces, ou en pièces détachées, bousillée au besoin, réduite en miettes au besoin) dans le profil mon-

dial global (noter : il a voulu écrire profit ou profilt ou quelque chose d'approchant comme profiltre).

elle savait très bien qu'elle concourait pour le prix de la fatalité (et non de la femme fatale), les petites dimensions agrandies artificiellement, les grands combinats détruits, et les petites structures occultes s'accaparant l'argent (elle savait très bien et c'était une chose en un instant jamais remise à plus tard mais décollée de sa réalité pour envelopper soudain jequoi, le retenir dans des rets faciles et factices, pour recouvrir, pour emmitoufler, pour tenir chaud, et dans le chaud invariable, pour abuser de ses propres fantasmes). comme si la rencontre, 
coincée près d'un bord de bar en espace nonchalant et presque en suspension, n'avait eu lieu vrai passé que pour avoir lieu dans un système en écheveaux complexes de représentations. vous lui disiez : allez voir ailleurs, et ailleurs était est toujours là, dans ce là de votre phrase que vous modifiez sans cesse, et qui pourtant ne varie pas non plus.
il lui disait (ou la reprenait) : quelque chose lui a plu, mais ce n'était que stratégie d'amoindrissement, réduction à un des multis éparpillés — y compris d'espace.

que pensez-vous de l'allemagne de l'est, lui dit jequoi *in petto* (car c'est toujours le dernier mot qui compte).

donner votre profil — et donner ne signifie pas donner : ou alors le vendre sur le marché des fluctuations insensibles. le vendre, voilà, dans le tohu-bohu brimant, les canalisations dorées, le flux-pour-être-un-flux-c'est-un-flux, le couloir à stratagèmes permanents soufflés, la prison qui reprend avant évasion, le grand schmurz audacieux, le grand bedroom à désir à pompe, la new grande catherine de russie et son orchestre d'amants, le sacher et le masoch pour un prix de gros, la tartine trilatérale, le bedon des maigres, le lupanar à géométrie bénéfique, le bénéfice à horreurs et bordels, la vie, mademoiselle s., la vie sans regarder autour si elle sent et si elle sent surtout mauvais. il aurait tout tenté pour vous retenir (l'attention) et lui faire cracher sa vérité comme un morceau de viande trop mastiqué.

trèfle à zéro feuille de l'audace, sorte d'agit-prop sans objet et sans permanence. tulipe (voici) sans fleur et rasoir pour gorge de pingouin averti. il vous l'avait bien dit, rien, ô combien rien, ne viendra disperser la poussière de nos expressions idiomatiques en maltais et faut-que-ça-se-sache, son profil à caresser sans caresse impossible à (re)tenir d'aplomb.
ce profil où elle n'est que belle, et différemment.

sa marque là ou brûlure
autant que cet ici si peu sensé
dartre en genre modulé mineur
et façon de regarder la pendule
sans la voir auriez-vous s.v.p.
la seule heure qui vous manque
ne parlons pas de profil, parlons de face, dit-elle, il ne sait pas parler de face, parler de face n'est pas évasif et trop conclusif, face-à-face comme altercation entre automobilistes, échanges propagandistes d'hommes politiques, ou échange d'un baiser (mais baiser sur la joue est évasif), faïences effritées au cours des siècles, voir venise et se précipiter dans un précipité. c'est une occasion : le « de face ». c'est une occasion de séparer. une occasion de se tenir d'aplomb, et de voir venir la guerre en toute tranquillité.



l'avant-centre de la stupid guys poetry team a failli marquer un but. bad luck disent les commentateurs sans y croire. asshole sans doute mieux approprié dans le contexte étroit des petits pois servant de moteurs.

jequoi ne se perd pas à la surface (l'occasion de face-à-face passée, comme tempête ou vent du boulet), il tient, dit-il, s'y accroche, la remplit toute, sans limitation.

il vous a menée à la surface par le profil : votre ascendant capricorne ne peut rien pour vous (c'est une prise — et un étalement ensuite, vous avez rempli la surface, vous la remplissez comme il la remplit, totalement, sans qu'ils se touchent encore, l'épaule à peine, parfois, quand l'espace se renverse, à travers souvent une phrase malvenue, un bégaiement involontaire, une hésitation).

elle ne sent pas le temps. jequoi a dit cependant « quelques heures », mais c'est (simplement) le temps de l'effraction, la cuisine qui précède, la lampe fichée dans son joli profil gauche, alors parle ! et elle parle, le long chemin à présent goudronné à l'oblique de la mer : c'est un instantané, mais elle n'avoue rien, décrit, et la description lui fait horreur (troubles de l'oreille profil droit type otite).

pour manipuler, il faut obliquer.

et décrire (c'est malheureux) remet d'aplomb (il veut un guingois, vraiment guingois en flux tendus sur toute la surface). elle dit alors, remarquez bien que mon gant unique (vous m'avez perdu l'autre) lancé à vos pieds ne me déplairait que si et seulement si (elle est mathématicienne) vous le ramassiez (bonne conjugaison) et en faisiez un fétiche (auquel cas, pas de retournement). elle dit aussi, jetez-moi votre bière à mon profil, peu importe lequel, si vous en avez envie, ou jetez-la à votre propre profil, peu importe lequel, si vous êtes assez agile. elle dit encore, mangez des courgettes dans ce restaurant, et commandez-vous un

calvados, imbibez-vous au maximum, et sortez des idioties plâtreuses (pour vous extraire de vous-même).
elle oblique, les obliques se croisent encore, elle mord dans son jeu (il ne se reconnaît pas), elle veut l'expulser de sa surface.
jequoi arrive un peu tard (sa manière de s'asseoir et de commander le repas est à bien des égards fanatique), sa bouche s'entrouvre à peine qu'elle a déjà fini de tout dire, et de mâcher ensuite pour déglutir sans ouffa-ouf et installer une nappe blanche de silence très cotonneux.
la table sans table à table cri
des aliments sans restes au pesage
l'aubergine devance le haricot
sans problème intestinal particulier
comme le coton est dans la nappe
et dans l'air son air de coton en silence
de coton cette barrière très tendue
coton de profil à équidistance
de un plus un moins que deux.

jequoi se répète qu'un fou de bassan n'égale pas une comète mais se confond partiellement avec elle.

# EN LONG, EN LARGE ET EN TRAVERS

elle ne vole pas.
pas de brouillage. altitude soudain zéro. fantasmes en brumes.
à cet instant précis, iris vraiment s'étiolent (pas d'étoiles pour les iris). 
et il la trouva passé qui dure à tel point qu'un peu de poudreuse de réel finit par l'exhiber (façon guide bleu).
c'est à propos du gant : un gant à force d'être retourné montre son usure.
même en estonien, ça ne passera pas.

pas de lendemain pour le temps des fleurs, on a cueilli les derniers glaïeuls, violettes fanées pourries, pensées sèches, l'illusion d'une couleur tulipale uniforme.
l'évasif montre un front.

elle multiplie des quois dissimulés, ultima conversazione où surnage le mot angry (ou hungry), son visage stoïque énervé, et le mot mock, horizon verdâtre perclus d'une pluie fine. ça sent l'agacement plus que la feuille mouillée après averse. ça ne sent pas la rose, ce n'est pas sad, l'altérité se condense et s'évapore.

ça sent le vol de mouches, un peu de marron mélangé au vert en éruption. au milieu d'un énième, elle sourit. jequoi rit de cette superficialité à accents graves, glisse un that's life définitif, s'évade ou joue l'évadé (la moitié de son discours lui échappe, et il aimerait qu'il en soit de même pour l'autre moitié). elle resourit et il rerit, en réaction deux lignes divergentes surgissent d'une seule illusoire, et il comprend parfait présent durable que alter ego disparaît provisoirement de son lexique.



continuons de dénouer, pense jequoi, son italien se conjugue mal et son finnois testé en points et virgules n'a qu'un mot dans son dictionnaire, comme son danois. mais nous avons dénoué. et dénoué quoi ? un pur artifice de mots. une langue offre beaucoup plus de réalités que la réalité elle-même, pense jequoi, profitant d'un silence ponctué par l'orgue grinçant du temple, une langue est fantasmatique, et le désir la fait fonctionner, faisant exploser de petits ballons de réalités qui ne sont que des fictions dans la réalité réelle.

et retourner à la réalité réelle, voilà ce qu'elle désirait, se débarrasser des fictions (car elle aussi appelle cela fictions, en négatif) pour épouser à nouveau la normalité (ou ce qu'elle croit être la normalité), et exhiber le trophée du grand écart : voyez comme j'ai laissé fuir mes désirs.

la tulipe dans son bocal est fanée et l'eau a l'odeur de l'eau qu'il faut jeter.
après le mot printemps, il n'y a pas d'autre mot.

continuons de dénouer, agit jequoi, mais elle n'écoutait pas très présent à présent, et à cet instant où il lui dit never mind en peul et lui rendait la tâche d'autant plus facile qu'une mitraillette sonore envahissait l'espace et lui donnait au moins un peu de sens — bangs et bongs de tous côtés, phonèmes collés aux murs. 
c'est avant ou après angry, ou pendant. c'est en travers, mais ce n'est plus oblique : une trace noire sur laquelle des figures géométriques à peine colorées surviennent de temps à autre, s'agencent et se désagencent dans un mouvement parfait, simultané et contraint. à peine et hop et *à peine et hop* sont de trop — éclaircir la situation par le peu, le très peu, l'infinitésimal, les atomes de poussière dans l'air invisible ou le pollen dispersé outside ce n'est plus le pollen c'est un décor tendu de verts, clarté maximum pour vision défaillante.

raccourcissement des instants à cet instant cet instant si court qu'il ne put le nommer que inst ou ant ou sta en équilibre instable sur deux syllabes ce sta si court symbole de l'impermanence son guide bleu écorné jauni déchiré anéanti comme sa non-image et son vol et son visage enfin enfin passé tant passé sur le passé qu'il est inconnu à toute personne observant son image.
c'était *comme* à konstanz c'était où il ne la chercha pas jequoi ne la chercha pas à konstanz mais trouva konstanz dans un livre de géographie ou c'était à vienna ne se trouve pas dans un livre de géographie ou c'est une géographie dans une langue étrangère.

raccourcissement. si elle va d'un point à un autre, elle reste exerçant ce mouvement à la même place : en travers de ce mouvement le coupant en son milieu un point-refuge. elle s'y réfugie. angry angry angry angry à vitesses tonalités variables : immobile.

la saison des et des finie ne fait que commencer commencer commencer enfin elle ne commence ni ne finit elle fait.
la saison des et des
finie ne fait que

commence
r commenc
er commen
cer enfin
elle ne commence ni
ne finit elle fait
pareil (l'arrière gauche de la panoramic' poésie est suspendu pour dopage)
*comme* son pied à distance effleure les verts les différents verts ne l'intéressent pas mais les verts différents — elle dit : angry and you mocked me, guy — si différents qu'ils diffèrent vraiment des bleus et des rouges des jaunes des marrons oui des marrons cette efflorescence de verts qui pourrait virer au marron revendique une certaine artificialité.
comme son propos : vol en guide bleu ponctué de hein quoi alors en serbo-croate swahili mordve quelques clicks triomphe de l'adresse polyglotte.
un moment trop court et rien.
ni le v de verts ni le s de sonom ni le ni la ni ni et le la ni.

c'était en long, et ça raccourcit à mesure que la matière passée totalement dépassée s'épuise au rythme des conjonctions pronoms adverbes verbes noms inaudibles.

même l'inaudible est de plus en plus inaudible.
sans page blanche entre un angry et un autre, dit-elle. vous ne pouvez vous imaginer ce que l'inaudible est bruyant bruyant bruyant, et recouvre de caractères serrés les verts plus tout à fait verts mais certainement pas orange certainement pas. l'orange n'est pas une couleur (…) guillaume les défilés en iste orange pamplemousse ananas orange la terre est ronde comme : au mot métaphore les tilleuls agitèrent leurs feuilles, par la vitre embuée jequoi les vit et perdit le fil de sa récitation eut zéro ou deux ou zéro virgule deux pour l'intérêt qu'il portait à la nature. un mot lui vint : ébouriffage — on ne peut expliquer comment un mot apparaît *comme ça*, il n'y a pas d'explication c'est ainsi ou comme ça —, prononcé assez fort pour que le niveau sonore n'augmentât pas quand la gifle gifla. et le niveau nivela. et jequoi marques rouges puis rosées et oreilles tirées sur l'estrade éprouva le lent ralentissement de l'agitation des tilleuls pour une parfaite immobilité ensuite.
ce n'est pas guillaume qui organisa un défilé à la bataille d'hastings tous les pourpoints étaient orange (…)
pas de raccourcissement (ou charles ier, récite !, mais c'est une autre histoire ou une histoire *vraiment*).
ce n'est pas hastings qui orange organisa un guillaume en pourpoint tous les défilés étaient ou n'étaient pas, cela n'a pas d'importance à cet instant et à cet instant même où sa chevelure bouge sous l'action d'une torsion involontaire que

jequoi traduit par mouvement compulsif, révélerait une pointe d'agacement si cette pointe n'était résolument passée (au bord du bar, deux mains se touchent, et cela ne suffit plus à alimenter la machine, la *machina* comme elle dit, et mater dolorosa, et mamma mia, et il en passe tant que le passé concurrence les moments de pur présent qui durent dureront point d'interrogation jusqu'à ce qu'ils ne durent plus c'est une évidence).
(l'arrière droit de la prose majestic' dépose les armes et se rend à guillaume à genoux.)

la place manque pour imprimer angry en majuscules. la place manque ou fait défaut. ce n'est pas un défaut. angry en non-majuscules n'est pas un défaut, c'est la vérité, dit-elle, ou cela se passe ainsi, dit jequoi, ou c'est très bien ainsi, dit le vieux disque rayé. et c'est très bien ainsi.



mais c'est très bien ainsi.
le bord intérieur droit du bar.
le bord intérieur droit du bar avec b majuscule car unique à cinq kilomètres à la ronde cinq ou six et peut-être quatre comment savoir. on ne sait pas. on ne sait rien excepté que le bord du bar est à l'intérieur et à droite où des mains se rejoignent lentement la sienne est froide et il ne traduit pas

cette froideur il l'éprouve. guten tag/hello, ou le contraire, qui a dit en premier le mot premier ? on ne sait pas, dit-on, on ne sait rien, des mensonges s'accumulent pour qu'on les croie vrais ou c'est à leur accumulation que l'on reconnaît la validité des mensonges.

le bar est assez large pour que deux personnes sveltes se croisent sans se toucher est une phrase qui n'a aucune pertinence ni objectivité ni pour la largeur considérée ni pour la quantification et la qualification de la sveltesse et des personnes ni pour et ni pour répété. qui se croise et qui se non touche ? qui ? réponse idem (on ne sait pas, comme on ne sait pas pourquoi ce livre est écrit sur ordinateur en palatino 12 pavé écart maximum pour lisibilité maximum).
et comment se croise-t-on et se non-touche-t-on ? et pourquoi ne mange-t-elle sans futur possible que des légumes lavés à l'eau claire et cuits à l'eau bouillante ? *très bien ainsi* suffit-il ? et *vérité* ? et les italiques sans italiques ?
quel est le rôle exact de l'écumoire ?
jequoi le savait quand il rêva éveillé d'une conversation où jaillissait sporadiquement le mot angry lors d'une conversation où jaillissait sporadiquement le mot : plutôt hungry que *angry*.

on a oublié les tulipes dans leur vase et le vase avec (une bonne définition de l'alter ego : un oubli de soi-même en soi-même via l'autre). on a oublié de changer l'eau (servit-elle passé à distances multiples et improbables à cuire les légumes cuits ne sont pas crus — et c'est vrai et c'est un mensonge et c'est vrai).

et c'est véritablement vrai : elle prononçait angry en moldo-valaque comme hungry et vide queue au lieu de guide bleu, ne le disait-elle pas ? l'emploi du passé me gêne. l'emploi du passé, rien que l'expression *emploi du passé* est gênante. ne dit-elle pas alors à cet instant où jequoi ne l'écoute plus depuis déjà longtemps, ses jambes balançant dangereusement, pense-t-elle, dans le vide, ne dit-elle pas side neu ou approchant pour guide bleu ?
ou approchant. allumer. éteindre. dans des espaces qui ne sont jamais intermédiaires. se couper. lui couper la parole (il faudrait écouter, et jequoi ne l'écoute pas, ni ne l'écourte, bien évidemment). l'écouter et la lumière revient, les gris imperceptibles sont d'imperceptibles verts et le vert se réchauffe à mesure que le gris s'efface (...) estomac.........cigarette...
n o t a n g r y
ou (...) autre chose, prédigéré, matières saines.
à mesure que le gris (que faire du marron, des innombrables nuances ignobles de marron ?) s'efface, il n'y a plus que du

vert (et bientôt des verts, la distinction entre vert et vert résolument possible).
établir la distinction (la nuance) entre vert et vert ? l'adjectif, répond-elle, (…) tenant les œuvres complètes d'ungaretti dans ses mains légèrement avancées vers le public de *chères têtes blondes* à la rigueur brunes sur le bord de l'estrade dos au tableau noir les poiriers en extérieur jour ont légèrement fleuri.
par exemple, les poiriers vert pomme.
par exemple, le tableau vert pâle — une craie cassée sur le tableau vert pâle est une craie cassée non verte.
par exemple, ces chères têtes vert absinthe et certaines absentes dans la ramure des tilleuls vert tilleul.
ungaretti vert olive ou vert-de-gris.
par exemple, au bord vert vif de l'estrade vert nil (…)
par exemple + par exemple ne font pas un exemple réputé pertinent (mettre les italiques où bon il semble).
angry + hungry est égal à vert (jequoi gagne douze minutes de son précieux temps wasting time bad time horrible so horrible time et ratatime en ne répondant pas à la question suivante :(

). personne n'est égal à s. (elle conduira sa voiture jusqu'à nürnberg retour le soir dans la banlieue de ratisbonne) car personne n'est égal à personne et la somme des non-égaux

forme les égaux (jequoi prendra le train pour nîmes mais s'arrêtera à arles) qui ne sont égaux qu'en droit et ne sont pas égaux.
s. + jequoi n'égalent à personne. c'est pourquoi elle doit se dévoiler pour ne révéler que le mouvement de son dévoilement.
son dévoilement est *le* mouvement (sa chevelure bouge comme ça, voilà comme ça c'est comme ça, mouchetures noires sur le miroir se confondent au noir ou roux ou blond, détachée du corps et de ce pourquoi elle agit, on dirait qu'elle flotte, au propre comme au figuré), et le mouvement s'intensifie, sorte de dénégation ou de mise à distance de l'angry en slovaque ou en tchétchène, plutôt en tchétchène quand sa bouche forme un o et stoppe (définitivement ?) l'oscillation capillaire. capito ? capito. kaka zéro pabeau ? hé ? sa bouche se tord, elle penchant la tête dans le même instant pour faciliter l'expression d'un verbiage lituanien tirant sur le moldave ou une des langues de l'altaï apprises à l'école primaire.
jequoi à travers les rayons maintenant fixes observe des pneus dégonflés comme une bouche qui aurait été manuellement tordue.

retour à l'envoyeur. partie de tennis enfiévrée. tire sur le rouge. le rouge est mis (un avant s'est blessé, mais les équipes mélangées, impossible de le reconnaître).

elle ne tord pas la bouche longtemps juste un instant ce pire instant pour lui faire comprendre ce qu'est une partie d'alter ego, la surface du pli, l'illusion des mêmes et sa position trop avancée (une grimace !), pour celui qui n'a d'autre choix que de reculer ou d'être anéanti (jequoi aurait dit : se fondre) afin que le jeu se poursuive ou ne se poursuive pas faute d'intérêt (lassitude), d'enjeux (que fait-on de l'alter ego) ou de pions (mais c'est une farce sans l'idée de la farce, protagonistes sérieux).

il y a beaucoup de pour, et tout est contre lui.

il y a beaucoup de simulations, comme on simule un voyage dans la lune, sans savoir qui est on et quel est le degré d'intelligence de la comparaison.

la vase sans tache du
tulipe sans fin au cas
où noir ou jaune ne font
font font
pas vert ou vert mais
vert

fait bien tache (jequoi le récite dans sa tête sans pouvoir par manque de tilleuls embués de poussières et vitres vertes l'apprendre par cœur).

se faire avoir dans les grandes largeurs est une expression (le gardien de la prose arrête facilement le tir — tir de bonne sœur est une autre expression, invérifiable) idiomatique de la langue française que l'on trouve principalement dans les polars d'avant-guerre et peut-être d'après, les polars sont toujours d'après, et les tulipes toujours d'avant quand la saison oh la saison est passée en un temps record de l'une à la suivante (glaïeuls encore, géraniums) on attend alors la suivante et la suivante jusqu'à attendre la suivante vient encore et l'on attend pour ne plus se souvenir que l'on a attendu ou que la suivante suivait la précédente suivante suivant la précédente.



(l'avant gît dans son sang sur la pelouse on dirait une piscine)

avant l'été : ensemble vide (elle voudrait le croire, et passe sa main sur un no man's land de guide bleu ouvert à la page 27 ou 85 ou 665 ou à la page ça n'a pas d'importance).
avant le printemps : ces sensations à l'instant exaltées quand la ligne entre la ville x et la ville y n'existait pas (mais il n'est pas question de ligne ni de point, il est question, pense jequoi, de plier sept fois l'alter ego pour l'enfoncer dans une poche et qu'il y reste)
avant l'avant : qui aurait pu imaginer ?

ah, dit-elle, et elle reste sur ce ah un peu emphatique, ponctue encore, essaie de ponctuer, souhaiterait mettre un point final, et c'est un point d'exclamation inconclusif suivi de l'écoulement rapide de l'eau dans un verre à moutarde à motif qu'elle observe et elle rit. et boit. boit tout et se ressert et boit. sa traversée de l'espace d'une kitchenette aménagée deux plaques électriques à un bureau-salon complique l'espace, la distribution de verts qu'elle dissimule un instant, et c'est un autre vert qu'elle dissimule et qui réapparaît, sa chevelure flotte à nouveau que la fumée d'une cigarette enveloppe parfois effleure un mur : elle ne regarde pas jequoi. elle ne dit pas :
pourquoi la mer est-elle *si peu* bleue dans le guide bleu ?
(oh ! se jette vivante dans une marmite d'eau bouillante)
ou
pourquoi le bleu de guide *bleu* ? (la fleur le menton la houille le cordon le sang la zone la maladie l'enfant l'œdème)
(la fleur le menton bleus
la houille
bleue

le cordon le sang la zone
bleus la maladie
l'enfant

bleus l'œdème)

ble
u (le libero de la poésie majestic' 90 dégage en touche) ou encore un ah désinvolte et désintéressé (encore x jours et j'aurai fini mon roman dans un immeuble de quatre étages du rez-de-chaussée au quatrième et du quatrième au rez-de-chaussée — elle s'entretint avec un détective).
le détective se prendra-t-il des bleus ?
se pendra-t-il avec un bleu ? l'horizon vert très vert dit non à cet instant (nom de bleu), sa face livide d'écrivain sédentaire saturée de vert très pâle : afff                nnnnnn
gruhhhhhh        is (...) elle ne veut pas raconter *l*'histoire, cet extrait en geneva 14 fer à gauche ni cet extrait en ni celui où et encore moins quoique peut-être celui-là non et surtout pas celui où.
quelle histoire cette histoire est une véritable en insistant histoire. véritable, dit jequoi (in vino veritas et après ?), mais (le mais compte pour deux points), mais (second point), s.g., seriez-vous un écrivain académique ? (l'arbitre sort automatiquement un carton rouge, l'équipe réserve de la poésie pneumatic' se couche dans les seize mètres), votre écriture serait-elle ce que le guide bleu est au monde, une mythologie bourgeoise ? mon ennui vous serait-il imputable ? vos descriptions de la moustache du détective esquissent-elles une géographie dépliable sur plusieurs pages, exaltant son relief et ses gouffres, ses torrents et ses pics, ou le plus plat des besoins de combler l'espace, le noircir d'ego (en i

did it) jusqu'à la page 214 quand votre éditeur reçoit sur son bureau un assassin n'habite jamais au quatrième ? votre psychologie des apparences s'inspire-t-elle du plus sordide des stéréotypes que votre écriture légitime, ou est-ce la banalité que vous canonisez pour la rabaisser jusqu'au niveau de votre humanisme cynique probable par une économie douteuse de mots et de moyens ? etc. etc. (la valise de produits dopants du soigneur de l'équipe réserve de poésie pneumatic' est envoyée au laboratoire pour expertise.)



la ligne a a croisé la ligne b puis en diverge inexorablement.
la tulipe n'a rien d'une tulipe au visage la
tulipe la double tulipe au
visage jetée au visage
une tulipe une
tulipe

une tulipe au pluriel bleues.

à la prononciation de son nom (...) au fond assise la cime dissimulée des grands arbres lui est un invariable provisoire inconnu (...), une ville x traversant le non-espace devenu espace *véritable* superposé à l'ultima conversazione (...) les tilleuls percent les fenêtres les tilleuls verts très verts presque pomme comme le pommier ressemble au tilleul c'est connu qu'ils se ressemblent ils se ressemblent mais ne sont pas identiques (...) est subsidiaire, angry pas angry ni hungry angry neutralisé. elle observe son dispositif, arc gris souris substitué à arc de verts (combustion de verts anéantie d'un claquement de doigts ou de langue), nürnberga à barcelonberg, escapade à konstanz, ombres floues et pluie fine à jequoi, sa chambre à la sienne, son cartel au sien, sa vie à la sienne. elle retrouve cela et sans savoir pourquoi, elle dit again en hongrois, et pense always en tyrolien, une gomme à effacer proprement et logiquement substituée au tout des et des et des et des, jequoi ne sait quoi faire d'exemples, à l'instant son désordre. 

la moustache du détective retombe (rechute de vérité), elle part elle a le chic pour partir symboliquement et jequoi pour un s.g. impropre se tait.

l'ultima se poursuit sans fil, ailleurs, dans son appartement de nürnberg ou heidelberg ou vienna ou ratisbonne, où elle écoute seule parfois parfait margouillis la musique de webber et du fax lui annonçant son birthday très happy bougies scannées avec filet autour et de multiples embrassades. (musique à chat).

le paysage s'est élevé, donne ceci, ceci est une approximation : immeubles immeubles immeubles rue.
(musique à chat et camion de pompiers pompant l'air de pin-pon et de pin-pon autant qu'elle a d'années.)
le paysage donne ceci, ceci moins approximatif : immeubles immeubles immeubles rue et camion de
pompiers le rouge au milieu
du gris aux nuances
de gris le rouge
éclaire rouge éclair
dans la vitre de la fenêtre
ouverte
(aperta, sait-elle, retrouvant ses réflexes et un excellent anglais oublié dans la solitude de la solitude où elle creusa passé rageur un mirage à l'oblique.)
angry angry angry d'avoir perdu son temps, waste comme sweep, un w dans un rôle de balai balaie des verts des verts des verts des verts (hungry de gâteau ? envie de vomir) des verts des verts, tant dans la corbeille qu'elle s'en souvient encore, elle *peut* s'en souvenir, et sa recomposition donne ceci : lui lui lui et encore lui point d'exclamation et point d'interrogation songeur dubitatif méprisant agressif.
(dans sa chambre berlinoise, jequoi compte ses quois restants, les met à la poubelle sauf un.)

vert ne donne
pas
verts ne
donnent pas
vert c'est vert et beaucoup
moins
que répétés
verts

répéter angry. répéter hungry. répéter qu'elle s'en fout qu'elle n'en peut plus présent situationnel effectif de répéter répéter pendant qu'il pendant qu'il et cela pend longuement, et elle lui tend une exception *sincèrement*, disait-elle et répétait-elle. un visage au loin est un point moins qu'un point n'est pas un point sa chevelure décrivant un demi-arc de cercle presque parfait (il y a encore du quoi dans cette fille-là, quois brouillons à vendre à rendre à garder mais lesquels ?).



pour jouer à l'alter ego, il faut un terrain, une balle, deux buts (puis un seul) et deux arbitres (puis un seul des deux, ou deux bons mimes réciproques).

0 - 0. désormais, nous sommes incapables, et c'est là la glorieuse incertitude du sport, de vous donner un vainqueur

(hurlé par le speaker, couvre le pin-pon des pompiers, et le fax, et webwebweb-webbeeeer).
l'alteregomanie n'est plus sport olympique (il a écrit olympoc' : sans réfléchir).

durée de l'ultima conversazione : top chronomètre, dit-elle, et elle pourra futur éloigné embrasser du regard l'étendue du bodensee et la mesurer (bleu sur bleu = encore bleu. bleu sur bleu sur bleu sur bleu = marronnasse), souffler pin-pon dans le chat de la lloyd's au coin de la rue si la rue a un coin et si elle n'en a pas elle soufflera ses trente-cinq bougies en relief sur le fax.
top chronomètre (les majuscules s'imposent) : lui caresse l'épaule (étendue de la vérité), jequoi se tait, ne bouge pas, et s'il bougeait, ce serait un signe d'assentiment (jequoi traduit par asservissement). c'est un signe de mauvaise humeur (au bas mot, comme si les mots avaient des hauts et des bas), une attaque de front, pour mieux obliquer, et attaquer de front de nouveau (il sonne à sa porte, elle ne répond pas, seul le cartel témoigne et témoigne de quoi ?).
(dans les grandes largeurs, la gueule de travers dans le miroir aux alouettes faisandées adjectif très présent, il prend une photographie de son reflet et de deux immeubles dont il compte les fenêtres par sa fenêtre et sur le négatif.)

jequoi prend la pose (pieds dans le vide, la fumée de sa cigarette bouche la vue d'un vert plus vert que les autres), *statique*, et pourquoi, c'est une lueur et elle lui vient mais lui vient d'où mais : c'est une lueur et pourquoi, et pourquoi ce statisme n'effacerait-il pas conditionnel sans probabilité de réalisation le bleu du ciel, le vert des arbres, le vert des feuillages, le vert des tulipes, le vert des verts, la vérité des verts, ce qu'elle dit à ce moment moment futile ou fugace ou cette durée élastique artificielle revenant à sa position initiale (conversation bolino : trois minutes et puis c'est prêt). ou leur histoire, histoire un grand mot et leur *un grand mot*. ou cet aléa conclu dans le pli du trapèze de la gare de konstanz. ou cette trajectoire oblique qui ne mène nulle part, un barcelona hypothétique lancé d'un plongeoir avant le splash final sanguinolent.



après le vert, quelle sera la couleur (ou quelle sera *une* couleur, si une saison peut la définir, émergeant sur le rebord de la fenêtre de la chambre berlinoise, saint-givre, bien que non blanc, priez ou non pour eux).
le non-blanc est une couleur
de la couleur des couleurs
non blanches à la couleur
avalée la couleur
(joli centre, corner)

mir couleurs lavabo brosse à dents à traces de dentifrice frais serviette pendue comme ceci ou comme cela la fuite de la douche goutte à goutte trente degrés nord légumes pelés sur torchon couleur dans évier un verre bord rouge à lèvres dix degrés sud draps en boule draps dans armoire repassés chemise un bouton ouvert sparadrap cinq degrés sud-sud-ouest table miettes sur la table pied de table et poussières ses jambes un degré supplémentaire dans le vide une cigarette à l'instant écrasée : pause dans la conversation, elle s'assoit, se lève, boit, pourrait boire à nouveau, un guide bleu en gros plan, un cartable et à l'intérieur à l'intérieur ? mock en souabe comme un second plan fictif.

elle retourne retourne retourne vérifie le gant ne se retourne plus envers et endroit idem quel est l'endroit.

mock en italien s'échappe quarante degrés ouest, percute un non-blanc est un nom blanc qui s'ignore.

le gant : en suspension dans l'espace rétabli (sadness à sa place près de son chemisier peut-être son cou le nez contradiction vaine) avant désintégration (son retournement induisait une succession d'obliques, de fronts d'obliques etc. sans achèvement possible).

l'endroit du gant est son dernier retournement.

exemple : la ville de gand a-t-elle un envers ? le dernier retournement de gand ne peut être un envers. l'envers n'a pas de gand. prendre des gants avec gand est gênant. mettre tout à l'envers pour gand (regarde, regarde, de tous tes yeux, l'atlas, regarde !). tenir la carte routière à l'envers et y voir barcelonand non-participe présent sans objet à remettre à l'endroit. le gant est à l'endroit. ainsi disait- heureusement imparfait elle. (jequoi sans gants dans la chambre berlinoise oblitère le punching-ball, toute vie *ressemble* à un punching-ball, pense-t-il banalement, il pensait à son aspect frontal au verbe affronter quand dans la rue il marche marche jusqu'au point y et tous ces gens.)

il marche dans la ville x comme elle marche dans la ville y (nous n'avons pas gardé les tulipes ensemble, deux jaunes une rouge à l'écart du parterre il les cueille).
ils marchent en marchant elle dit un trou à combler comblé et sitôt comblé oublié (le bord du bar s'effrite on peut dire effrité) et sitôt comblé oublié répète ! et sitôt comblé (c'est à force de répéter qu'elle a oublié passé si proche une sensation sans certitude les vicissitudes d'une sensation ce qui n'est pas (encore) comblé : c'est à force de répéter sa volonté d'oublier que le souvenir vient s'organise organise sa vie contemporaine).

revenir sur le bord du bar effrité : pour ceux qui l'ont touché sa main les doigts écartés caressant caressant encore : un après toujours dépoussiéré.

ultima conversazione traduit un début.

ultima

conversazione
comme elle tombe (c'est un fruit mûr) projetée
en projet et non définitif un non-
chantier non définitif non né et aux conséquences
incalculables

mettre des parenthèses et offrir des lis rouges ne sont peut-être pas rouges ou jamais rouges jamais ne veut jamais dire jamais comme rouge est rouge ce sont des conséquences elle ne sait les calculer (devant le bananier en fleur dans la chambre budapestoise est une phrase incomplète etcalculée parce que incomplète et peut-être bien que ou puisque qui sait ce n'est qu'un projet).

conversazione
ultima elle le reconnaît et
dit prima (ou primavera : jalabert dit
jequoi) ou per me cela revient
à la même chose

elle se reconnaît. dans le miroir une inflexion de sourcils cet arc et ces taches ce ne peut être que lui, après. maintenant. c'est main-te-nant et déjà derrière soi (le reflet derrière soi que l'on connaît et ne voit pas). à peine le temps de reprendre, tout est décomposé.

elle dit le gant fut ah (pas un ah point d'exclamation de surprise ou d'ironie mais un ah de non-valeur), le temps passé bien passé lavé non écrit en des langues des langues qui le nient, ah erreurs et les vengent la vengeance de qui ne peut *remonter*.
le gant fut et retourné fait retour, il n'a plus ni endroit ni envers, il est reprise.
elle dit : alors rien n'est vrai (jequoi pense : le alors n'a aucun sens) et pourtant (le et est un aveuglement) le lit défait dans le non-espace du lac de konstanz pue le poisson et les égouts quand elle crie niet-niet-niet existe bien (aveuglement accentué), il existe si bien que j'existe et que les choses ont existé passé sans valeur propre existent existeront comme et comme et comme : elle détaille des photographies jaunies ou non jaunies, des ersatz ou des visions d'ersatz de photographies, elle se reconnaît mais ne se reprend pas (dans le miroir un instant elle passe une nouvelle fois et part), les détaille, et dans ces détails, provoque un agrandissement incomparable (jequoi pense : fausse unité ou rien n'est vrai excepté le point de vue *actuel*) : son projet.

son gant neuf. de sa chambre varsovienne, jequoi ne lui envoie rien, ne relève rien, même pas ce quoi qu'il a gardé et qu'il ne sait pas faire parler et s'il parle (le creux intérieur jour fait pffflouc). son gant neuf qu'elle pourrait conditionnel bienvenu tourner user retourner re-user jusqu'à la corde (mais il n'y a pas de corde, que des retournements, les plis successifs du gant). elle pourrait redresser du gant. elle le sait elle le veut c'est cela qu'elle veut : redresser : recomposer : s'inventer un autre destin (le début de l'ultima conversazione à sa fin).
(mais une extrémité pendue est grammaticalement pendue n'existe pas.)
(mais une vérité pendue est une vérité qu'elle dépend et qui ressert.)
(mais est une autre façon de parler de jequoi ne parle pas mais bégaie pour faire vrai et entrer dans son jeu.)

elle n'attend rien, et surtout pas un geste de jequoi, la main en coupe, qui voit au loin les verts s'affadir extérieur crépuscule et disparaître bientôt marron bientôt extérieur nuit noirs tout est noir elle l'est.
(appuyer sur l'interrupteur ne change rien.)
ou appuyer sur l'interrupteur de la conversazione en mode off elle appuie il bégaie elle appuie encore et c'est un espace vaste sans périphérie ni centre qui ne commence et ne finit jamais.

qui ne commence et ne finit jamais en italiques pas en majuscules ni en gras en normal comme il a été dit police et taille de même.
oui elle est noire (jequoi pense qu'elle pourrait dire i like you very much en slovène ou en arabe : mieux qu'une litote, un instant cet instant de pure audition).
elle est noire. son guide bleu nuit les yeux bridés noirs sans relief une rose elle dit une rose noire. et dans la salle de bains, c'est noir. et dans la cuisine un splatch sans exclamation mais surprise incongrue sa jupe noire mouillée de noir transparent. et dans les toilettes, c'est noir.
les murs de la chambre d'enfant de la maison de gropius peints en noir.



bla-bla le noir
des
tulipes noir
un noir tulipe c'est noir
il faudrait du noir un cirage
noir bla ou noir pour
effacer
bla-bla-bla il faut

un cut

— cut son ombre se découpe dans la vitre son débit monotone et anxieux ang-ry en deux syllabes elle cut sans

certitude (jequoi, dans la chambre moscovite, entend le chant du coq dans le kremlin désert un coq il cot cot il cot et cut ce n'est qu'un coq).
la mitraillette straubienne dit : assez.
la mitraillette straubienne est enrayée (ou enrouée comme un cough ce cot dans un cough elle a dit assez et cut).
elle a dit assez majuscules gras et balance par la fenêtre si elle est ouverte ses italiques guide bleu cheveux comme ça et les jambes de jequoi dans le vide s'il se pouvait oh il se peut il se pourrait etc., effets fantasmatiques plus ou moins réussis (jequoi son quoi dans sa poche, le trapèze formé simplement par les quatre coins de la gare de konstanz ou de nürnberg ou de moscou, elle à la périphérie, mouvante).



jequoi balance son quoi et quoi ce je ? qu'est-ce ? qu'il prononce jeu en roumain ? (sa reproduction conforme en forme de plaisanterie) ou (une niaiserie que le cut ne termine pas au contraire) ou (une réduction à l'échelle 1/10e du noir c'est plus noir et c'est une incompréhension). who knows, dit-il en portugais.
s'en balancer (figures figurées) en remuant le trapèze — déhanchement léger : elle vole de son trapèze au sien, claque la porte à son rythme musculaire ou ne la claque pas, la ferme doucement (sa partie de petits chevaux entre encolure et garrot) et s'en va rewind la porte fermée doucement

claquée, elle vole de son trapèze à son trapèze et trapéziste à son trapèze elle vole trapéziste indocile elle vole.
elle vole.

l'espace est un quadrilatère dont les deux côtés sont parallèles présent intemporel, cut au bord externe du bar, à sa sensation, cut avant l'arrivée que cela n'arrive et cela n'est plus arrivé, cut avant le début.

# ENVERS ET CONTRE TOUT

sur la terrasse toujours ses pensées
vont à son sourire un étirement possible
de x centimètres lui va mieux 
qu'un étirement probable à x centimètres
on voit sa fossette mais une ride
un creusement d'un demi-millimètre c'est déjà trop
tard elle a souri un sourire à étirement évidemment
probable à l'instant certain et certainement
ne recommencera pas décroisera les jambes
avant ou avant de sourire et de sourire *mal* poussera un soupir
elle soupire elle se contrôle le soupir soupir soupire
sourire à étirement possible ne s'improvise pas
elle pourrait faire un essai mais il est trop près ou un dessin
mesurer la courbe qu'elle obtiendrait possiblement
tout dépend de ses zygomatiques elle devra voir
un médecin ou un chirurgien spécialisé en esthétique

qui supprimera la fossette ici et la ride là
fera coïncider probable et possible elle pourra
ou pourrait car est-elle sûre de ces retrancheurs de chair
poseurs de fils métalliques sous la peau
qui vous rajeunissent en vous enlaidissant
lui sourire
de nouveau de nouveau
lui sourire et montrer ses dents se les laver
d'abord elle a oublié son maquillage
dans son sac une pénurie de fond de teint
affecte ou n'affecte pas la consommation des ménages
autrichiens son rouge plutôt du bleu un bleu renversant
qui s'étire sans craquer jusqu'au milieu de sa joue un bleu
accordé au décor de mer bleue et de ciel
bleu tout est bleu y compris le blazer du réalisateur
une cravate bleue drapeau bleu interdiction de se baigner
sans rouge à lèvres c'est écrit sur le panneau
d'affichage jequoi ne comprend pas le polonais
mais interdiction de sourire dans l'eau boire
la tasse est soumis à des conditions drastiques voilà
pourquoi la plage est déserte entourée d'une reproduction
fidèle de fils barbelés ne la font pas sourire son rouge
à lèvres bleu craque sous le soleil ou le projecteur à lumière
jaune haute densité tout est vrai même
le sable blanc
la terrasse est en option.

est-il pensable de décrire le paysage
d'un lieu x par référence à un lieu
y est-il pensable de décrire les paysages
— tout court
cette question sa question formulée sans point
d'interrogation peut-être déjà une affirmation
transmise par son horreur des mots vertige
relief accidenté torrent qui jaillit en blanche
écume peut-être une négation de tout
ce qui n'est pas idée abstraction flux abstrait
le visage de s. était passé imprescriptible indescriptible
ou la volonté de décrire manquait son visage cependant
ni idée abstraction flux abstrait dans son miroir où rien 
ne se voit ne se découpe hormis le cadre aux bords
nets horizontales et verticales se coupant
quatre fois à angle droit hormis à l'arrière
-plan un objet un être ou lui ne s'observent pas
il y a un temps — pour tout.

et ce temps passé et son visage bien au centre
de la pièce dans l'encadrement du miroir aux lèvres
retouchées de rouge un rouge carmin sang crimson sourcils
qui les cheveux bougent comme ça
n'importent pas tant qu'ils sont des attributs
et non des outils le visage de s. le miroir brisé reste

le visage de s. et c'est très bien ainsi

jequoi
dans la chambre berlinoise parle aux creux évalue
ce qui est concave et convexe c'est mieux que de parler
aux murs les murs ne parlent pas c'est une évidence
comme les cailloux les genoux les muets
et s. mais pourquoi?



parler dans une langue étrangère ne convient pas
aux cordes vocales ne convient pas à la langue
quand on la tire il faut s'exercer à la prononciation tout exercice
fatigue sans distraction il lui corrigeait son accentuation
anglaise elle ne parvenait à rien dire s'entend correctement
sauf hello et good night mais jamais il ne l'entendit dire
good night hello peut-être une fois un matin lorsque la
[promenade
se dit matinale et le petit déjeuner petit déjeuner il n'a rien
appris de plus et c'est déjà beaucoup dans un étirement
ou un bâillement il faut s'étirer et bâiller demande
du temps il est impossible encore de parler et dans la salle
[de billard
elle disait *dai* suivi de *dai* elle s'en tirait bien sans tirer de langue
au sort c'eût été trop facile d'avoir l'estonien *fluent* d'un jet

de salive sur son visage on ne lisait rien
d'autre que son visage elle avait horreur
des mots désarroi fatigue repos décomposition
dans un bar de la périphérie même son silence
le silence l'entrechoquement des verres la poussière
le clac d'un flipper la fumée de cigarette une
menthe à l'eau une à l'arrière
-plan échanger deux mots l'un
l'autre révélateurs de conventions codes
normes ils étaient polis mais c'était encore trop
leur demander que d'exercer une pression amicale
de se défendre mais d'admettre et de rentrer
dans un jeu si c'est un jeu qu'ils n'avaient pas 
inventé tant pis ils n'en inventeraient pas
d'autres pour l'invention c'est complet silence
complet la patronne a cassé un verre
plein.

sur la terrasse encore son visage avait pris
des couleurs et quelles couleurs elle avait aussi
horreur des couleurs des rêves d'insomniaque
de non-couleurs sans noir ni blanc non plus
sans rien d'autre que des contours et elle avait
horreur du mot diaphane et de l'évanescence
elle ne voulait pas disparaître

juste apparaître pour ce qu'elle
est et qui la fait mouvement dans un mouvement
il cassa le verre plein que la patronne avait apporté
c'est trop simple d'évaluer l'autre en ne tenant
compte que de ses fautes ses maladresses
ses incohérences ses égarements son visage ne marque
aucune réprobation son visage *non plus* son visage
sans possibilité de garantir son authenticité
son mouvement on dira ses inflexions on module
on module encore pour éviter une apparition
un quelque chose qui engendrerait *autre* chose mais
c'est déjà fait rien que d'y penser suffit en cherchant le mot
adéquat on ne le trouve pas ses traits n'ont pas bougé
et c'est trop et ce sont encore des traits et le mouvement
des traits sans traits son visage serait-il encore un visage
un visage sans traits n'est pas une expression
idiomatique admise il n'y a pas d'expression idiomatique
admise il n'y a que des découpages.

n'osait pas lui apprendre un finnois fautif inconsciente
l'aurait répété avec plaisir manière de ranger
ses fautes dans le tiroir d'une armoire
et ne plus oser le tirer ensuite le relevé exhaustif
de son visage en gros plan ne révélant rien d'autre que l'élément
pixel un amoncellement de pixels formant

un visage peut-être c'est pourquoi il la reconnut
dans la ville x quand il la croise il la reconnaît il
la reconnaît mais les fleurs les maisons l'air les bords
extérieur intérieur du bar il les reconnaît aussi
peut les désigner du doigt on ne *montre* pas
du doigt lui disait sa mère il lui dit bonjour
dans la chambre bucarestoise le renflement maximum
du punching-ball après le ploc c'est un bonjour
ses jambes longues au réveil jamais il n'a vu ça
jamais à cent mètres cinquante mètres son cœur
battait battit
                    ne battrait plus ou battrait encore
s'il ne suffit pas qu'il batte dans le métro descendue non oui
et puis non trop tôt descendue disparue dans la première
rame elle est rapide son visage est rapide son nez
supersonique la tentation de son nez supersonique
elle ne l'a pas attendu n'était qu'à dix mètres devant
la cathédrale il n'y a que lui et des gens des gens
ne sait pas trop ce qu'ils font ces gens font-ils
c'était elle et seulement elle un ploc
deux plocs heidelberg est une ville
plus petite ça aide mais si et seulement si
calculer les probabilités de la rencontrer encore
une fois une fois seulement entrer dans un café
le point fixe des jours et des jours *fixés* est une solution
la meilleure des solutions la probabilité la plus

probable et il attend comme devant sa porte il attend
qu'elle ouvre et elle n'ouvre pas qu'elle ouvre
et elle n'ouvrira pas un x ne s'inscrit jamais complètement
dans un y c'est une évidence le creux temporaire du
[punching-
ball ne l'indique pas il faut ouvrir la porte l'ouvrir un grand
coup ou en grand qu'elle passe et redevienne
ce sourire et cette main cette chevelure comme ça
sinon il ne s'en souviendra pas par exemple la terrasse
sortie du chapeau élément de décor sans relief
artificiel ne consiste en rien dit-elle ou en deux
verres remplis de vin blanc sur un plateau
blanc il y a du vert quelque part mais savoir où et du bleu soit
le ciel soit un maquillage ne sont pas les mêmes
bleus sont deux bleus singuliers et dissymétriques
qui pourrait conditionnel très fictif les embrasser
du regard en même temps sur la photo est écrit never mind
dans une langue slave inconnue ou morte comme la photo
écornée puis déchirée puis déchirée déchirée
deux fois imiter le bruit des ciseaux est impossible
en français il voulait lui apprendre le mot
en anglais mais elle s'est enfuie immédiatement
est un mot trop long plutôt un pppfffuuittt mais sans allonger
voyelles et consonnes un pfuit tout simple
comme ceci elle a pris la direction de schönbrunn
le métro l'attendait on ne sait pourquoi

— si la ville
divisée en vingt-quatre carrés de six centimètres
sur six où se trouve-t-elle à l'instant est une question
si peu posée qu'il en résulte de nombreuses réponses
à point d'interrogation inclus parc au nord deux carrés
l'échelle trop petite il faudrait il faudrait le verbe
falloir même essoufflé suffit pour comprendre
qu'il n'est pas un porc entraîné à la recherche de truffes
il ne la suit pas est venu
à sa rencontre nuance et la nuance importe
peu la nuance il n'est qu'un porc à la recherche
de sa langue tournée sept fois + sept fois autour
de la ville et de sa bouche autour que calor 
et tutti quanti.
elle dit il n'est qu'un porc goret goujat
point à la ligne ou une virgule pour continuer
de l'insulter encore cela fait du bien encore oui
cela fait du bien.

s'il tentait tulipes elles faneraient
instantanément fanées
les tulipes ou les violettes les iris
les cactus même
même les cactus faneraient
elle avait toutes les cartes

en main plan urbain truqué
impasses et trous immenses au milieu et à la périphérie
peut-être des jardins ou des prisons là où elle se cache
est une surface plane et blanche
sans
rien qu'un plan et du blanc brasilia avant brasilia son visage
en contre-jour — avouer la rechercher à contre-jour en plein
jour
dans le renflement du punching-ball et dans le reflet statique
de la vitre autant lui envoyer des cartes postales de rueil-
malmaison tournus tonnerre langres vichy
et
saint-pourçain et attendre la réponse encore
un timbre collé sa langue collée à la gomme il finirait
par ressembler à l'image qu'elle s'est forgée un o
accent circonflexe
à répétition finit par soulever le cœur sa contemplation
sans
aucun doute passée ressassée on imagine mal regarder la mer
pendant vingt-quatre heures non-stop la mer
est à vomir de o et de circonflexes le goût
glaireux de l'eau salée dans la bouche elle
détestait aussi le mot mer et le mot nuage et le mot
vague étincelante et lumière elle détestait
aussi l'onde et l'écume pourquoi lui reprocher le mot
nuit

après contemplation intensive le champ maritime cultivé
intensément du sable dans les yeux et la pluie
pour faire joli mais ce n'est pas joli est un mot
qu'elle détestait on ne peut rien vous cacher et la nuit
le couvre-feu étincelle et brasero down the slope
et up à l'instant dans les joncs ou les genêts et les orties
et les ronces ne sont pas des ronces
on peut toujours se dire ça.

on peut toujours se dire ça et allez savoir pourquoi
ça ne marche pas
ça ne marche jamais c'est à désespérer.



un petit flux derrière le grand flop bande tes muscles
d'une poussée encore d'une poussée sous trois mètres
d'eau claire presque transparente remonter à la surface
pour quoi faire parmi les congres les étoiles de mer
on était si bien si le on gêne il est gênant non ? dire nous
ou je mais surtout pas tu ou elle sur la plage à des milliers de
[kilomètres
en string pour bronzing avec crème adéquate absorbée
par la lecture de l'assassin n'habite jamais au quatrième
[à l'instant
où pantani s'échappe et gagne l'étape la radio donna sobrement
le classement général provisoire un contre-la-montre prévu

le lendemain ses oreilles déjà bouchées
mais qui était donc insister sur le donc le quatrième
de l'étape un battement par seconde devait suffire son excellent
crawl ponctué d'exclamations la tête hors de l'eau l'horizon
en points de suspension la dune franchie il n'y a que pins
et parasols rouges verts et bleus peut-être
jaunes peut-être
peut-être que les couleurs ont une couleur hypothétique
en replongée avec poissons et poissons divers
avant reflux un plus assez d'eau plus assez de décor
qui font croire que l'assassin et le string ont séjourné
là dans ce désert et c'est pourtant là son visage
de profil un nez une bouche deux oreilles
c'est un visage
                    c'est un visage dans un paysage sans voiture
calcinée une radio et des pêcheurs qui pêchent la canne à pêche
tendue jusqu'à plus loin un bouchon rouge ou bêtement
du rouge sur du vert ou un bleu un peu mordoré sa tête
fait ouf cristaux de vert ou bleu mordoré ou translucidité parfaite
luisant sur le menton ou plus loin jamais plus de dix centimètres
au-delà c'est un exploit.

si elle quitte la plage
les techniciens débranchent le soleil recouvrent
de blanc le bleu

et roulent la moquette de sable la piscine
utilisable demain après pompage
des graisses pour un autre
plan
la quitte aussi après avoir touché
son cachet
wet paint ! rochers bonbons
roses et la rejoint
sur la terrasse croisement
décroisement de jambes une menthe à l'eau
sur ses lunettes de soleil le film de la journée (berlin-sur-
[tiergarten
l'herbe sent ce qu'elle doit sentir le quatrième 
du classement se nomme jalabert ciel bleu ciel
blanc courant alternatif on n'arrête pas le progrès
fermer la parenthèse).

qui pense le contraire a tort
qui pense synonyme a tort rien
n'est synonyme de rien l'homonymie
même est sujette à caution tout est autre
pour chacun et chacun porte son je
unique et trivial pour le reste des ils
des elles et beaucoup de ons
nous tirant sur le ils maquillés de je

le collectif n'existe pas nous irons en vacances
est une phrase qui sonne faux
car
on vous voyez on se demande toujours comment
et pour quel résultat
comme tulipes fait *instantanément* penser
à massif et massif à masse imaginez une tulipe
unique que l'on vous voyez encore que l'on
viendrait arroser je après je
et s. l'arrose elle aussi l'arroserait
quand viendrait son tour jequoi derrière
elle
déjà tout un programme une végétation
sans luxuriance un nous récalcitrant.

nous les tulipes ou les iris ou
les tulipes n'existe pas surtout
pas de pluriel se désigneraient de la tige
insuffisante à la reconnaissance
*détaillée* c'est une fleur une tige
pétales et corolle etc. ne suffit
pas à faire tulipe décrivez
vos vacances si vous voulez
à la campagne ou à la mer
il n'y a pas de tulipes excepté

dans les stations balnéaires
organisatrices de floralies
au printemps dernier
ou au printemps tout court c'était
le premier et le dernier
le bulldozer
à tulipes passé du vert
écrasé avec un peu de marron
au vert-marron dominante
marron c'est un peu de terre
la terre est meuble.



dans la chambre berlinoise entre
l'écumoire il voyage le papier toilette
le creux essoufflé grimaçant
œil cyclopéen crevé se noyer pense-t-il
dans une bassine ou dans la mer est une affaire
d'hommes uniquement s. ne l'a pas attendu
elle a filé au dancing avec manuel michaël
et les autres prétendant
ne rien faire d'autre que danser et boire et danser.

oh bien sûr elle lui a confié le vase
avec tulipes posé sur la table derrière

le punching-ball à quoi sert
d'arroser des tulipes fanées elles pourrissent
à quoi sert d'arroser des tulipes
pourries elles puent
tant il veut se rendre compte
à quel point il peut résister
à la puanteur l'écumoire et la bassine
et le papier toilette puent les tulipes
puantes une tulipe puante
n'est pas une *vraie* tulipe
c'est une tulipe qui a fini
sa carrière de tulipe une fragrance insister sur le mot
réveille des sentiments au contraire si doux
qu'il pourrait conditionnel à cet instant impitoyable
dormir sur ses deux oreilles son visage joue gauche
délicatement posée contre le punching-ball
c'est un mirage (peut-on s'en sortir après avoir senti
une odeur pareille un relent un remugle une pestilence
chercher des synonymes dans le dictionnaire
des synonymes ne changent pas l'odeur mais la caractérisent
lui permettent d'écarter relent et remugle se sent intelligent
de vivre alors dans la pestilence
des fleurs pestilentielles).

peut-on avoir une prairie avec volubilis pour pas cher
est-ce impossible de remplacer les tulipes
par des coquelicots un rouge ressemble à un rouge
qui confondrait un rouge et un bleu c'est une question
d'intensité ou de densité une question chromatique
un rouge
et un rouge
ou
un rouge et
un rouge
sont identiques à la couleur près de loin
qui verra la différence un point rouge
reste un point rouge si on ne s'en approche pas
trop c'est décidé le vase remisé
dans le placard des coquelicots
dans un champ
et des non-tulipes centaines de non-tulipes
balayées rapidement par les vents.



oh bien sûr la danse la danse
ne cessait de danser
dans sa tête ses vêtements fluo
feront merveille vous ne dansez pas
mademoiselle elle a déjà la main sur son épaule la même main
glissant sur le bord intérieur du bar passé

comme on dit révolu une cascade d'orange à moins
que ce ne soit du jaune débordant du pull marin
du dj qui s'engouffre *backstage* dans un noir absolu
vous ne dansez pas mademoiselle ne se dit plus elle danse
seule
avec pour objectif l'évaluation attentive
du rose de ses chaussures
à lacets de quelle couleur sont les lacets disponibles
à l'*icon* la pierre de la cave suinte légèrement s'amusait-elle
est une question (consulter le punching-ball) s'amusera-t-elle
n'en est pas une parce que le premier
d'une longue liste de parce que parce que deux
parce que trois parce
que quatre et cinq six
sept même huit pourquoi pas
neuf dix serait de trop et le
onzième hypocrite sa bonté naturelle
lui interdit le douzième un treizième sera le comble
de la méchanceté.



elle danse elle n'a pas oublié
sa main sur son épaule il n'y a jamais eu de main
dans cette histoire s'il y a une histoire et une épaule
ou un trou noir au printemps ou en été dans la chambre
berlinoise il compte les jours et les parce que il pleut

est-ce un signe ou est-ce déjà l'automne ou est-ce l'orage
tant attendu après la canicule ou après la danse
elle n'aurait jamais dû porter de talons aiguilles
est une évidence une phrase évidente tant elle est
évidente on voudrait la supprimer la rayer de la surface
de l'écriture comme les jours de la semaine
et les pourquoi et les parce que rayer définitivement
de la surface du vocabulaire le mot printemps
et tulipe et iris et l'été avec un grand é faire place
nette
garder le punching-ball
en souvenir.



quand même. sans exclamation un quand même
de circonstance après encore après un je t'aime tu
m'aimes et un plus du tout au final
plus du tout du tout au final.

elle n'a pas oublié sa main sur son épaule
c'est un fait ou elle effleure le bord d'un bock
la lumière mais la lumière il faisait noir
ce matin-là ce matin-ci puis ce matin-là
se souvient-il d'un seul matin et d'une seule lumière
à petites doses la lumière le matin le soir aussi comme

ne pas en abuser comme effleurement du bord d'un bock
ça sert à quoi interrogation pressante ça sert à quoi tellement
la question presse qu'elle n'y répond pas et lui
non plus la question sans réponse sans point d'exclamation pourquoi
s'exclamer pourquoi rester la terrasse d'ailleurs déserte à cette
[heure *si*
matinale la terrasse déserte sauf s'il s'y trouve seul
sur la terrasse elle dit supprimons-la
telle comparaison idiote mais dit-elle allons-y comme la danse
si vite oubliée et lui et lui et encore lui dansant tout près
d'elle observant le bout de ses chaussures pump shoes cuir
dans ses pieds gonflés elle ne pensait qu'à supprimer disait-elle
supprimer supprimer le vert ses oreilles et toi supprimés
un paysage net de neige c'est l'horizon qui débloque
on n'en voit pas le bout.

et voilà le travail dans la pataugeoire lyrique ils auraient pu
s'aimer ne s'aiment alter sans ego ou ego sans alter ne rime
pas plus que tulipe avec vert ou iris avec jaunisse quel lyrisme ?
pour la pataugeoire c'était un printemps dans une pataugeoire
le temps passe si vite n'est-ce pas elle ne veut pas
en entendre parler grelotte hivernalement dans un studio
islandais répète hiver et l'hiver se répète une hirondelle
ou un ange passe et c'est toujours l'hiver.

c'est encore l'hiver – 12 à berlin sur baltique sud côtes
de finlande temps maussade tempête sur riga mer d'irlande
nord du portugal golfes de gascogne et du lion ravenne
[adriatique
venise que de détours pour la rattraper l'horizon à l'endroit
où vous l'avez laissé.

non. jequoi reconstitue le non premier à l'intérieur du non
définitif un *oui mais* entre autrement dit : ——————————
——————————————————————————
——————————————————————————
———————————————— : la fleur la fleur la fleur
la
fleur déjà
fanée
le nom de la fleur
n'a pas d'importance
une fleur seule dans un vase
gardée dans la chambre berlinoise
comme on garde le chat des voisins
si on a des voisins son visage lui apparut passé
provisoire à cet instant à cet instant et encore
à l'instant même où il pensait instant cela dura
une bonne minute et le printemps ô
le printemps dure une bonne minute une bonne

minute éternellement minute éternellement
printemps un printemps éternel et ce fut l'automne
et c'était vraiment vrai
                                        vraiment vraiment vrai à force
d'insister le visage son visage le visage de s. en un clin d'œil
moins qu'un instant un clin d'œil ou un battement
de cils qu'elle est chic dans son imperméable vert en un
                                                                        [demi ou un
quart d'instant son visage donnait ceci : horizon —

de la terrasse ou du fauteuil
*sur* la terrasse
elle voit l'horizon
c'est un fait
elle
voit l'hori
zon (elle ou on tout le monde *peut* voir l'horizon excepté
la liste serait trop longue comme horizon
bouché
bien bouché brouillard immeubles frondaisons voilà
quelques exemples de la terrasse
elle
ne voit (elle
est seule) rien
d'autre que l'horizon ni

immeubles
ni
frondaisons et le brouillard
elle ne
le voit pas
non plus (un nuage au-
dessus de
l'horizon peut-être
un nuage la répétition
fruit
d'une distraction.



ou un nuage immobile
ou un azur finement irisé
ou une mince pellicule diaprée
ou tout ce que l'on voudra pourvu
que ce ne soit pas une fleur
ou des fleurs un champ
de fleurs un pluriel pire qu'un singulier
on évite un singulier le pluriel fait masse elle avait
passé singulier mais à cet instant réel
horreur du mot fleurs au pluriel de toutes
les sortes de fleurs mises
au pluriel y compris
iris

et lis
iris et lis compris
et jonquilles

ou tulipe (pour la dernière fois
le prononce c'est abject — déjà
c'est abject rien que de prononcer
c'est abject — à articuler — parfois
les mots lorsqu'on les regarde vraiment
en face
deviennent ridicules —
elle le supprime de son lexique sur la terrasse
un horizon de toile bâchée blanche où des peintres
peignent le générique et son nom en gros
caractères palatino 72 après l'assassin
habite au quatrième en plus gros
caractères encore —

le vase sans la —
il a gardé le vase sans la
ce n'est pas la peine d'en
parler le vase sans la n'est pas un objet
décoratif.

et la terrasse sans la terrasse sans point
d'interrogation comme ceci : ?
ou comme cela : ??
la terrasse n'est pas une vraie terrasse
c'est une terrasse de film ou une *vraie*
terrasse de film
comme le nuage est peint et la bâche
blanche
(comment échapper à la bâche blanche ?)
et l'horizon une caricature d'horizon les peintres y font des
[retouches.



et jequoi qu'est-ce que jequoi sans          avec le vase
sans          etc. — sans terrasse et sans nuage et sans ce visage
s'il ne le voit pas le visage n'existe pas.

la sortie
d'un samedi la rentrée un rythme à garder
jusqu'à la prochaine rentrée au loin
un battement de tambour cœur palpitant
qui sort dignement par l'entrée de service son visage
barbouillé d'ombres la porte claque une soudaine
fluidité — ou jequoi seul sur le bord de la touche
la ligne blanche dépassée revenir
en arrière impossible elle le lui aurait dit

en moldave ou en biélorusse mais les cris
des supporters frustrés le tintement de la cloche
le coup de sifflet final un 0 - 0 hyperbolique
annoncé d'une voix saccadée enregistrée
à l'avance par une déchirure du décor
on peut voir un bout
de plage abandonné rochers bonbons
roses une fille allongée sur un transat
sur une terrasse
qui lui ressemble en pâte à modeler comme dirait
jalabert tout est vrai et pourtant le classement
change tous les jours.

les jambes dans le vide sous l'éclairage
artificiel jamais il ne lui en parlera jamais
une évaporation suspecte dans un bain d'acide
son visage livide presque transparent
absorbé sans une ride à la surface
à l'instant.
à l'instant la nécessité de trouver
un mot un seul à cet instant
comme une détonation non
pour poursuivre il y a poursuite
naturellement mais pour reprendre
la somme des phrases vécues

en faire quelque chose pas forcément
quelque chose d'autre
ni du neuf ni du vieux
mais du spatial quelque chose
à étendre et qui s'étend présent
sans limites peu importent les limites
une couche d'espace étalée
sans soulignement une couche
cursivement c'est plat c'est plat
c'est haut c'est haut ça courbe
et ça plisse c'est là et ça continue
c'est vrai ça continue encore
à l'instant passé à l'instant créé 
les lilas bleus sur la terrasse fleurissaient
à mesure (...) à mesure qu'elle
parlait les lilas s'évanouissaient
fleuris s'évanouissaient elle
parlait le bord extérieur droit
bleu un centimètre carré et le reste
vert sa bouche même était verte un stick
de diabolo menthe fondant la pâlissant
légèrement et l'écaillant si ça sèche
et ça séchait lentement une nuit
un jour et les tulipes fanaient
et ils changeaient l'eau du vase l'eau
des tulipes de nouvelles

tulipes dans cette reprise elle devinait
un amoncellement
ou un écroulement tout fut passé pas si simple à refaire.

beige glycine l'orée de la forêt
d'où viennent les boomerangs comme si
tu avais parlé
de boomerangs qui reviennent c'est plutôt moi
jaune kaki dans un imperméable
de cette même couleur comprise
dans un arc de cercle qui va de là à là
sans escale
et
sans bruit ce n'est pas sûr.

c'est un écoulement un déversoir de terrasse
à jonquilles ombilics stratus en cumulatif même
une avait une pastille valda accrochée où
le vert se mixait au jaune et au bleu à demi
caramélisé dans la soucoupe le café des litres
de café et de vin blanc ils avaient bu comme
des trous le printemps qu'il croyait précédent c'est déjà
un printemps la peur du printemps non suivant
comme le non-arrière de la non-prose se défaisait
un décousage rapide de short et maillot nu

comme un ver grouillant et son sourire comme à vingt ans
et son derrière au poème ou le poème était derrière
on ne pouvait rien y faire le poème venait
derrière le coup de sifflet final qui sifflait : i like you
en mineur.

dans le rose de mineur en plein cette giroflée à peine éclose
écrasée pendant le transport il fallut bien s'accoler à quelqu'un
s. et son sourire en demi-cercle dans son visage
ni ovale ni rond ni carré rectangulaire et sans définition.



mineur disait-elle temps passé peu narratif entre la ville y
et la ville y ils avaient ou on etc. déménagé partout
entre les entre dans les plus simples trous constamment
on avait pensé déménager et on l'avait fait la pensée
l'avait fait et on avait cru que le texte le ferait
tout seul
boucherait l'écart le libero renvoyant les balles
au centre point de départ et échangeur en même temps
où se croisait se carambolait parfois très vite passé
avaient mis les petits plis dans les grands
et les retrouvaient comme tôle enchevêtrée ça faisait pin-pon
dans leur tête de toutes les couleurs le vert des bas-côtés
des à-côtés son visage livide dans son bain d'acide

elle détestait les mots acide et livide
et les mots détestation exécutoire temps perdu
flamingo road ou bar arrivèrent d'un je ne sais quoi de texte
encastré dans un autre il pensa à un plagiat de l'assassin
qui avait déménagé au cinquième
son balcon de thym lauriers-roses donnait
sur un tuyau d'échappement à jet continu.

# EN APNÉE ET EN DÉRIVES

nu grand ouf si proche du ouf final qu'il imagine scindé comme une toux n'en finissant pas de finir procédant par délabrement de la syllabe lettre par lettre jusqu'à l'épuisement total jusqu'à l'impossibilité de dire fffe et eeu et u et de sombrer métallique la tulipe projetée vers le ciel la terre dans un même jet.



il allait vous demander ce qu'il était advenu de s. à l'instant où j'ai entendu le téléphone sonner.
c'est à s'y méprendre une coïncidence. et si c'était elle ? l'effet boomerang — jequoi a lu la carte postale en entier, elle disait ceci en italien, et cela en allemand, ne disait rien d'autre qu'un effet boomerang lâché au ras des giroflées. j'allais vous demander pourquoi mordoré avait goût sale et tournoyant sans plaisir était pléonastique. j'allais vous demander ce que le printemps suivant des feuilles et des fleurs et des ciels en l'occurrence de types et couleurs et caractères naturels

précis pouvaient déclencher — comme l'azur chez m.p. — chez un homme de 34 ans qui ne parvient pas à se souvenir de l'odeur du mélange brouillard marronniers en automne — h. dit : ce serait conditionnel bien pesé fausse le présent imaginaire le bonheur. pas sûr.

des verts on s'en gargarise des verts la plongée à basse altitude dans un non-espace de verts garantis un an — jequoi entend l'odeur un bruit d'écoulement de la couleur à l'instant bave sur terre et vêtements et ce n'est plus un vert — amoncellement feuilles et flaques et neige et grêle gros grains de grêle amplifient et partagent l'amoncellement.
vous y êtes ? souffle retenu immergé dans un détail du tableau en voie d'obscurcissement. y êtes-vous ? moi c'est à peine si je l'entends passer les communications manuelles ne vous déplaise à ce niveau sont impossibles inévitablement brouillées.
elle se dit-elle encore elle — ou pronom personnel sujet échangé avec un tu accessoire ? décidément je ne vous entends plus. décidément oreilles bouchées par la descente ou la remontée tête en bas. décidément.

dans la ville x, s. contient le mot lost sous une pile de linge sec.

qu'avez-vous dit après son départ il n'y a pas eu de porte claquée ni d'éclats de voix ni d'insistances — un vase il n'y a rien dans un vase, pas de trace.
dans la ville x, grouillement d'elle dans le mouvement de grouillement, laisser tomber phares et balises, pas de bouée, il flotte à l'intérieur, on le dirait noyé (la photo de bayard dans sa cabane).

on ne va pas tout reprendre — tout descendre ou tout remonter.
il a réalisé — he realized sometimes — que le ouf final, grand ouf à faire trembler l'onde déjà passablement agitée, venait après, en fin de bande quand la bande est passablement déjà effilochée, son visage disparu du cadre mortifère du miroir y ne voulant pas passer de l'autre côté, wild side inoccupé, mais sous la surface, miroirs z et rezed au-delà de z sans bouclage possible aplatis en anamorphoses — translucides.
le ouf à l'air libre, propédeutique à un ouf dématérialisé en profondeur — flash-propédeutique : presque simultanéité.
elle dit, j'allais justement vous le demander, ou elle ne dit rien. ou tant que la vaguelette du tant passe sous le sable — *muffle* en multilangues, la position géographique du rivage prédominante.

il allait justement vous le dire, mais le son s'est étranglé dans sa gorge à elle, ma respiration difficile depuis que je depuis que je que je on perd son je dans la remontée — pas une bulle *blop* sans horizon.

c'est à raison on ne le dirait pas que vient
ici un poème où un blop enfin sans italiques
est reconnu pour
un blop sans blop
pas de véritable passons sur les adjectifs reprise de soi qui ne soit bouclage
essoufflé véritablement
reprise.

j'ai pensé attrapant le rebond tout est lisse pourtant alentour net et lisse et ça glisse mais il faut du temps battements sourds sans écho mélodramatiques que passé la porte elle était sortie véritablement sortie de la non-histoire, au passage la dévalisant, un souffle d'air frais ne nécessitant pas d'enquête — il court toujours ou s'est effacé sans bruit dans le mur comme dans de la ouate.
j'ai pensé faire pipi, d'un coup relâchant l'effort désynchroniser le mouvement, brutalement me retrouver et plutôt me

trouver à un point de départ sans savoir lequel — le stade fermé à double tour, la course finie et gagnée, la terrasse démontée, les tulipes pourries et le vase brisé, il faudrait ô conditionnel avoir beaucoup d'imagination pour mettre les pieds dans des starting-blocks et attendre le coup de feu s'il jaillit je n'y suis pour personne.
elle n'y est pas pour lui. jequoi sans quois. je monosyllabique entraîné à se prononcer rapidement — tombé en désuétude.

il a pensé qu'effectivement il avait encore rêvé de s. sous forme d'effet placebo à élasticité et tensions variables selon les modes — apaisement, colère, anxiété, vivacité. il a pensé se noyer dans la ville — il a pensé noyage : y penser — de toutes les villes, mais son battement a été le plus fort c'est un battement automatique irrépressible il bat *naturellement* c'est comme ça.
elle ou son nom dans une demi-lumière entend bien entendu le bam-bam ou le fluss-fluss on l'entend battre de loin faisant retour sans effet boomerang (cœur ou nage à l'indienne dans un pays à climat tempéré, nage de rivière, par exemple l'autriche), et c'est à cet instant presque oublié ou refoulé ou repris à contre-courant qu'elle ou son nom lui dit, vous savez vous êtes un peu d'un genre particulier — son visage ruisselant de sexualité, transformations à épaisseurs moindres selon cadrages.

je ne sais pas (genre particulier) — j'éprouve mon je tout neuf à surbrillance systématique sans éraflures comme ciré bien lacé serré semelles tout aussi neuves — ce que je dis : où il est question de vicissitudes par temps calme et clair sans avis de tempête pour le lendemain températures fraîches pour la saison y compris sous climat continental on peut se promener dans les chemins méandreux qui bordent le parc ou le pré ou la forêt ou à intention de déplacement inopiné sur la carte géographique désirante (le barman lui demande : un heidelberg bien frappé ou un vienna tonic ? stuttgarter hofbräu à effet nutritionnel rapide please). ses paroles le dépassent, s'écrasent contre l'arbre juste là à votre droite ou contre le mur du café par un mouvement machinal de surprise sa bière lui échappe — flaque enchaîne serpillière enchaîne garçon-une-autre.
je ne sais pas quelle phrase je veux chercher : elles sont toutes à l'essayage, cuir pas assez retourné, daim trop blue, doublure éventrée, ces phrases trop rapides, trop sentimentales, trop drôles, trop assez, trop est toujours trop en trop. et ça recommence.

il s'y perd : c'est une question de respiration.

ou d'après-coup. la phrase cherchée trouvée ah la belle phrase est inutilisable dans le contexte x, elle vient trop tard.

par exemple, écrire : quand sa main la main de s. avec insistance revient se poser sur le bord extérieur du bar. ou quand elle cria barcelona, on entendit les pneus crisser, et les sons se confondre en un crissement-exultation. en un sens, c'est neuf, mais un neuf qui aurait pris le temps de la recherche en pleine figure.

c'est là qu'en général vient le poème :
qui lui
aussi a pris le temps de la recherche
en pleine figure est neuf
en décalage neuf et neuf
font dix-huit c'est tout ce que je sais
c'est même sa fraîcheur, cette sensation tenace d'après-coup, le temps non aboli, mais contesté dans la forme exacte du poème, mis en délibération, aux votes, aux voix : et si le poème n'était qu'effet de surface, bord extérieur du non-espace, arc de cercle au tant non quantifiable.



il n'a pas trouvé la phrase, il l'a suggérée.

c'est là que le poème vient difficilement voici le problème
mais l'obsolescence au galop le double en côte ligne blanche

continue et se métamorphose en policier-motard et dresse un procès-verbal : vitesse *trop* lente — elle dit : lorsqu'il a crié barcelona, j'ai cru faire obstruction à la vie réelle.
c'est là que la phrase vient encore et aussi difficilement, elle s'échappe, lui échappe, c'est un échappement à jet continu, délire pleins gaz.

un dérivé de phrase, ce n'est plus une phrase, c'est une accumulation sonore.



à présent *réellement* présent, je son exhibition journalistique du je ne sais plus quoi écrire. vous avez bien entendu pensé à s., j'ai essayé de lui envoyer un fax, mais il n'est pas parvenu à sa destinataire — c'est dire qu'en vous vendant de l'alteregomanie, on vous vend du vent, de l'absence, un blop de langage en kit à monter soi-même que l'on ne parvient jamais à monter dont le montage dépasse toute capacité.
il préfère au mot de la fin le mot de l'action, mais peine perdue, les pièces du meccano ne s'emboîtent pas, ou il manque des pièces au puzzle, ou il y en a trop, un visage au brouillage infini — par exemple.
vous avez raison de penser à s., elle ne pense pas à vous. elle a vendu ses quois inutiles au flee market d'amsterdam, même prix que les épaulettes d'un général de l'armée rouge,

modique. tant d'efforts pour rien, et regagner honteux pusillanime le grand marché mondial — voilà qui prouve bien qu'il ne sait pas ce qu'il dit.

il ne sait pas. la vague odeur de s. dans la chambre au cartel remplacé. le couloir et son dos contre le mur et s'efface, rejoint l'effaçable. la main et pourquoi si tendue alors que rien oh rien ne pense tendre cette main s'il n'y a pas de salut ou d'entente ou de geste tendre. il n'y a pas de geste tendre, c'est un fait. ou parfois dans la cafétéria le signe d'un livre à venir passé presque terminé venu à vivre et vécu, bientôt distendu, distant, élasticisé. l'alteregomanie ne sera pas sport olympique, c'est un fait — étendu dans le vert pelouse tondue à ras la terre meuble.
non, il ne sait pas, ne veut pas savoir — en apnée dans le long corridor d'eau sale des fleurs accumulée, s'agitant dans le trouble de déchets microscopiques, finissant par désirer ne rien voir et croyant qu'il a lui-même pris la décision. vous voulez sans doute encore parler d'elle ? éviter le sujet plutôt, ici on ne parle que par paire, de mal ajusté, d'hypertrompeur et de sens dessus dessous à cahots irréguliers. de solution aqueuse à épaisseur révoltante. de charabia sans direction et sans odeur. d'hyperinflation des rythmes. de négation. d'avortement. de plaisir en bribes à mixer chaque jour.

non, il ne sait pas, nous ne savons pas, s. et lui, ce que vous allez faire la semaine prochaine — le détour par le bodensee est impeccable ou les paquets de mer de ostsee jamais en vue depuis la route nationale vitesse réduite à 80 km/h. ne rien savoir, même pas si l'on descend ou si l'on monte, juste le nez chatouillé par de fines particules, quois verts en décomposition.

en éclairage artificiel descendre et monter à la fois : équilibre absolu.



je ne sais plus ce que je raconte est une expression — et ne raconte rien, le visage de s. bloqué dans le reflet formica d'un bar à l'ancienne. la bobine est incontrôlable. la bobine aux fils effilochés à déroulements invariablement rapides — je ne sens plus le texte à ce rythme infernal. voilà pourquoi il vous renvoie au début de ce paragraphe. voilà pourquoi la réponse à la question tient en quatre mots : alter ego doesn't exist — il l'écrit en anglais et recopie la distance en la traduisant et la repousse encore.

dans le dictionnaire, à alter ego, vous trouvez, dit-il à s., cette définition : personne de confiance qu'on peut charger de tout faire à sa place — dans l'échec du même, la présence éclatante du faire — ajoutons : inconfort de l'inconfiance : comment se faire confiance par transposition, interposition, traduction ? continuons. on peut aller voir à bras droit — elle tendit la main droite dans un élan tel qu'elle n'explicita pas ce mouvement conventionnel. continuons. dumay, devenu l'alter ego de l'armateur, c'est de balzac, le mot est attesté en 1844 — il aura voulu par une détente ultrarapide surprendre le lecteur comme tub et teatime chez m.p. oui. continuons. on peut familièrement dire mon alter ego, un autre moi-même, un ami inséparable — c'est justement dans le sécable que le fantasme alteregomaniaque se nourrit s'abreuve se vautre on manque toujours de verbes pour déclencher un effet et du sens.



à cet instant précis de la lecture, une nouvelle illusion consignée en creux dans le dictionnaire : l'alteregomanie est un humanisme.

c'est une tentative, nez pincé dans la retombée, ou la remontée, dans un tube — ou vase : y songer — d'eau glaciale et de pensées glaciales, glaciation all over around. elle dit enfin : — ses oreilles instantanément débouchées — tout cela pour rien, il saisit et pousse et saisit masse-de-langagepour-rien — dans le dictionnaire, alter ego occupe cinq lignes entre et c'est logique altercation et altérer.

c'est une tentative avortée, le pli déplisse un mouvement de trop en retrait de la ville x à la ville y sans devenir. vous me disiez, tentez de lui envoyer une simple lettre timbrée au bon endroit, l'adresse lisible et le nom tout autant, vous me disiez qu'elle la recevrait et la lirait, qu'elle vous répondrait — berlin-heidelberg, réinvestir du chronologique, disiez-vous, la lettre met deux jours. et pourquoi pas châteaubriant-nantes? un jour, tout au plus, disiez-vous, peu importe la destination — une destination est toujours passée — pourvu que le geste arrive, que le geste reçoive et qu'il soit *parlant*, disiez-vous, mais un geste n'est jamais parlant sans italiques pourquoi le forcer à mettre des italiques alors qu'elles sont soit dit en passant déjà en soi obsolètes.
et vous lui parliez encore, dans la retombée, que vous critiquiez, car il faut, paraît-il, construire, et non déconstruire, déconstruire, c'est détruire, quand il y a du vent et non de la neige, qui s'accroche, et qu'est-ce qu'une opposition? je ne trouve pas encore de choses à dire qui mériteraient lui ou elle les italiques — et dire est sûrement éminemment masculin comme les fleurs, quoi qu'on en dise. il ne trouve pas encore etc. il ne trouve pas à dire, mais rien n'arrive qui ne soit arrivé est une phrase incisive mais creuse, je le prouve-

rai. la phrase elle pense est une phrase où rien n'arrive, et qui est véritablement vraie, bien que fausse dans la position où il se trouve, dans sa narration de punching-ball perdue. il fallut passer à autre chose, et c'est le temps passé qui empêchait tout. et il n'y a pas de querelle. vous pensiez au progrès, donc à la querelle, l'alter ego comme voie de garage de la littérature, et vous aviez raison sur un point : la voie de garage. donc, la retombée, car on ne tombe jamais une fois, on tombe plusieurs, et c'est encore une propédeutique. il se souvient — mon temps n'est pas le vôtre — que vous m'aviez conseillé de lui envoyer un fax pour la distraire de la littérature, et de lui, et de beaucoup d'autres choses, et sans liens — parce que établir un lien n'est pas un but —, je me souviens que je ne l'ai pas fait, j'aurais pu lui écrire un hallo suivi de trois points d'exclamation, et c'est tout, suivi d'une signature, en rapid fax et c'est tout. je ne l'ai pas fait. vous l'avez fait. la voie de garage n'est pas un état transitoire mais un état permanent — ex-jequoi tapant dans le creux faisant un creux de son punching-ball. un état permanent, non de l'échec, mais de la perdurabilité de l'iniquité, et de la sauvagerie, y compris dans les termes mêmes, et gestes, où l'alter ego se développa — désolation d'un passé simple hypersimple, je ferai mieux la prochaine fois. vous me disiez, et il sait que le vous est superfétatoire, il ne faut pas croire, ai-je dit, qu'elle vous attendait, qu'elle vous voulait à ses côtés, mais c'était de temps et d'espace circonscrits dont ils parlaient — révolus. je ne suis pas son alter ego, ai-je répondu, et cela ne résume rien.

le résumé est effaçable, comme l'histoire, s'il y en avait une, au présent — il n'y a d'histoire qu'au présent, qui ne se représente pas : elle passe. ne m'avez-vous pas dit qu'au téléphone elle vous avait demandé quand finirait cet alter ego — car elle a toujours souhaité la fin, la clôture, alors que vous, dans la retombée/remontée, au contraire, vous souhaitiez une stabilité dynamique, sans origine ni but, de l'eau tulipale mousseuse qui fouette — le ouf final, comme figure de style, fait passer la longueur et la fatigue du battement.



vous : qui est ce vous : un vousvous de circonstance ou le double à ne pas chercher, qui seul ne se reprend pas, pesant accroché à ses pieds dans le tube — ou vase — d'eau plate vieillie du robinet.

elle n'a pas dit je — cela ne l'a pas frappé : il se disait, tiens, elle parle, et jamais plus d'iris, une autre façon à cet instant passé de dire je —, mais des choses informelles, comme s'il avait reçu en direct ou boîte vocale une note de service. alllesss klllarr.

c'est à cet instant à cet instant si court qu'il ne se souvient plus de l'instant elle n'a raccroché que juste après le blanc, vous voyez bien qu'il ne s'est rien passé. il a dû ensuite simplement batailler ferme pour rester au niveau, ses battements énergiques troublaient encore plus l'eau déjà croupie de fines mouchetures repérées sur un miroir, ses cheveux mouillés avant essorage, entraient dans ses narines ses oreilles — il faut doser s'efforcer de bouger dans l'immobilité.

de cette façon control c son computer recopie la page, de cette façon quelque chose d'indéterminé avance, l'identique ne légitime pas l'identique, c'est une affaire de position, puisque vous le dites, il n'a qu'à reprendre des phrases qui lui sont murmurées, des phrases trivialement fourguées, qu'il n'écrirait pas, il n'a pas voulu écrire, ou ne peut le faire, ou se cogner contre le verre blanc, c'est une hypothèse.



vous lui disiez, car, au fond, vous lui parliez souvent, que son village dans la vallée les villages toujours nichés dans les vallées était pauvre on y parlait allemand, que sa fuite dans une université adriatique où solitaire et considérée semblant éperdue avait été un échec, qu'elle était revenue à la langue sa langue et plusieurs mêmes dialectales, que son déplacement (définitif ?) vers le pays colonisateur près de la maison de wittgenstein avait nécessité une connaissance abrupte de niveaux grammaticaux et syntaxiques jamais atteints, elle vous parlait déjà de verre d'un verre d'ascenseur marguerite avait le sien : toutes phrases qu'il n'aurait jamais voulu chercher, et qui s'imposaient, malgré tout, car elles étaient le pâle reflet d'un quotidien qui lui échappait — contours élastiques du visage —, lui avait toujours échappé, et qu'il avait en quelque sorte subjugué — un barcelona sur le bodensee — en l'anéantissant, balayé qu'il était par le vert du non-espace.

la conjugaison du verbe vert au passé est toujours invariable : vert, sans pronom personnel, vert-identique dans toutes ses transformations, statique et poussé — l'eau est verte et ce n'est plus vert. les yeux ouverts, je ne vois plus rien, verre repoussé.

il vous disait, tiens, c'est étonnant plus rapidement et plus en syllabes attachées, à ce moment j'y ai pensé, et cela n'est pas resté, comme si le temps avait buté sur une circonstance plus vaine que lui, les contours tulipaux s'étiolant s'effaçant à mesure qu'on les dessinait. il y aurait eu un point de départ flottant. un point de nulle part, disiez-vous, il ne vous croyait pas. un point jamais écrit et perçu, entré et sorti sans jamais être vu entrer et sortir.

vous n'y êtes pas, c'est un avantage de n'être pas coincé, toujours dans l'entre, avec un e bien marqué, pour tout dire en gras, où il vous faut vous reconnaître, vos pieds tremblant de la tête aux pieds.

il vous disait, tiens votre tête et vos cheveux hérissés, comme tirés vers l'avant, et votre corps basculant vers l'arrière, votre notion de l'équilibre touchant à la perfection sans y pénétrer : c'eût été trop facile.
c'est un mode de discours qui vous entraîne, pas la réalité.
c'est un entraînement d'être entraîné, vous révisez à l'instant vos voyelles, demain les consonnes, bientôt un alphabet entier, récité à l'endroit, peut-être un autre instant futur totalement dépassé à l'envers.
reconnaissez
encore que vous
tulipe
n'est pas égal
à vous giroflée
c'est une soustraction en ce cas
vos pieds
et les siens mesurent une longueur
divisible par quatre

elle ne reste pas dans ses bras, l'observe glouglouter sous la surface : elle vole

dans le maximum vous retirez
un maximum d'états
l'édredon sous l'édredon
la phrase noircie par le contexte
jaune évidemment jaune
canari comme
vous y allez un soleil
dessiné ou une entrecôte
bien cuite
laissez-moi il lui laisse alors
le point
du match en trois manches il manque
un pied
un battement
une dimension pas si
nouvelle que ça

vous me disiez et vous lui avez dit qu'elle pas souvent calme respirait les magnolias par le bas comme vos pieds battaient une mayonnaise en neutre, mais c'était faux, jamais la langue ne vous dit vous s'il ne l'a pas demandé.

quant aux magnolias — il a écrit mangolias : s'y pencher — quant aux battements — vous saviez enfin que fiction égale friction, le r révélateur du bruit, comme pour la moquette, on ne paie que ce qu'on achète.
(pas les chutes, non, pas les chutes.)
quant aux magnolias, comme forsythias sauges et arums, introuvables.

c'est bien à cet instant de dérive en dérive que le téléphone passé récent a sonné et qu'il vous a embrassée vous disant pure coïncidence que cette éclosion de la fleur sans vase quand retentit la sonnerie et qu'elle vous parle de la ville y sans y prêter attention, vous chercheriez à vous rompre le cou, une quelconque maladie qu'elle guérit, te dis-je, à la vitesse grand v.
c'est bien cela : passé l'alter ego — dans une côte en deuxième au deuxième ronflement le clic-clac de l'air en l'air c'est un engouffrement d'air — : que des banalités.



vous passeriez aux nouvelles, elle vous dirait implicitement de passer, après noël quand la neige quand le brouillard quand les températures petits souliers foie gras mauvaise haleine et la poutre : après moscou et rome, villes z, inconnues.
tout ce banal à creuser : il dit ne pas comprendre.

l'arrière gauche de la majestic' poetry kit s'excuse d'avoir déserté le terrain tôt.
l'arrière gauche bégaie et n'en finit finit pas de finir aussi vite.
l'arrière gauche comme dissident : trente pages de suspension ferme.
on n'y reviendra pas — appel ?

on y reviendra.
oui car alors là j'ai connu oui depuis que j'ai connu l'alter ego je suis retombé plus profondément dans les affres de l'amour est une belle phrase sans but.
vous y êtes presque — puis-je vous aider — allez, han sans point d'exclamation, ou au retour, quand la jambe fait floc — et bien floc-floc alors là oui sans hésitation !
presque — suffit peut-être de proférer comme vous y allez quelques grossièretés mais motus et bouche cousue les mouchetures sur vos lèvres si vous l'ouvriez vous avaleriez la poussière avec l'eau du vase rempli à ras bord et sale vous toucheriez le fond — boire la tasse ou boire le vase, c'est pareil en allongé et en définitif.

ça y est c'est zut
votre main sur ma tête
quelque chose

de dur
quelque chose enfonçant
plus profondément je détache
les syllabes ça dure
et c'est dur quel rigolo
ce vous y êtes presque
quelle lubie — le poème déconnecté en hobby-horse — de vouloir la retrouver à rome ou moscou dans son décolleté noir moulures sans aspérités une veine protubérante plus haut voilà qu'il se hisse au niveau du fantasme-lilas mauve alone in my room in berlin on a mis le bundestag dans le reichstag et tout le monde est content.
mais votre main mais sa main toutes ces mains leurs mains — repoussent. faites le voyage sur la carte routière, disiez-vous, ils finiront par le tutoyer comme le flic l'arabe j'en suis sûr.



la saison est passée : à bout de souffle dans l'automne si brouillardeux qu'un simple filet de voix ne parvenait pas à franchir les lignes téléphoniques — vous me disiez, elle a laissé un message de blanc sonore — entraînement de la cassette de la machine — sur votre en insistant répondeur.
oui à bout de souffle à bout sans d'autre but que de frôler le bout sans l'atteindre.
oui-oui et c'était le premier oui.

en alteregomanie, comprendre le déroulement factice du oui en sous-jacent supérieur — si la tête effleure la surface de l'eau, elle s'étiolera.

vous me disiez tu
lips et d'autres noms
d'oiseaux encore
je n'ai jamais compris votre
non
quand vous avez dit
étranglement de sirène



vous ne lui avez pas parlé, dans l'arc de cercle vert sur vert perdu dans le camaïeu n'existe pas non n'existe pas vous avez absorbé par le vert parlé au vert c'est bien le vert qui compte — pas elle, pas lui, pas la distance entre et entre, pas le x et le y, pas l'épisode fatidique du bodensee, pas le, pas la, ni tulipe ni vase, ni tulipe *jaune* et *bleue*, ni vase *sale*. vous le saviez bien, vous avez fait comme si. c'est un reproche pur présent reprise du passé.

je ne voulais pas de ces bribes, de ces phrases non choisies, oui-barbues, oui-taches brunes, oui-vieilles, oui-vieillies

bien avant — bien avant que ce passé bien passé se retourne, mais dans le reflet, rien — que votre vous surgisse, la débilité infantile de votre vous, nappe inconsistante et qui redouble l'effort, recouvre jusqu'à l'objet du déclenchement intempestif le 25 avril 1998 jour anniversaire révolutionnaire de l'itinéraire — entre le bord extérieur et le bord intérieur du bar, aucune différence, un ton une nuance, à peine —, une lézarde superficielle dans le premier pli venu.
il ne voulut rien — et l'arrivée sempiternelle du monde.

ranger la volonté — étendre — plonger dans l'étendue — plier — plonger encore — encore plonger — *s'envoyer.*



vous me disiez — donc —, ce qu'il a dit était inclus, direct en vicissitudes, et vous, vous vouliez un développement *ultérieur*, vain — une histoire, sans evasiveness, armée en ordre de bataille.
vous me disiez que la vie, comme *renoncer* à la vie, dans dix centilitres d'eau, était impossible, que trouver un équilibre entre le haut et le bas qui ne soit pas le milieu n'avait aucune pertinence, aucune exigence, disiez-vous, y compris pour un libero de la prose évoluant en deuxième division, que sortir la tête hors de cette eau, et de toute eau, était un acte impeccable, vous l'avez dit

ainsi, et pour vous-même, pour la satisfaction de votre vous, péché sans faille.
vous me disiez, avant que le téléphone sonne, qu'il n'aurait jamais dû parler de punching-ball, que renvoyer des quois dans un demi-blop était une pure folie. il faut construire, concluiez-vous — il faut le gênait.

je préfère que vous cherchiez cette phrase à sa place.

tulipes jaune et bleue forment jaune et bleu est cette phrase si limpide que vous avez trouvée — il pensait : débusquée — sans effleurer le bord du vase, dans un dictionnaire, et recopiée ici à l'instant même cet instant au mot instant qui n'est que l'instant suivant et le suivant encore sans pouvoir le saisir et l'arrêter.

tulipe jaune et jaune tulipes jaunes ces tulipes jaunes, il ne sait pas, dites-vous, sont-elles fanées ? la pluie, peut-être. le vent, peut-être. un sentiment immobile. en hongrois, slovaque, bambara, basque. vous me disiez le vent comme une découverte, la pluie comme une découverte. en langue commune, sir, c'en était une, aussi.

à cet instant tout aussi précis que les précédents le cri barcelona finit de s'éteindre.
à cet instant tout aussi précis que les etc. la sonnerie du téléphone s'engouffra dans un maelström.
et tout fut porté futur simple.

# *biography*

la sister de jequoi, à brooklyn, est assistante-monteuse : son bavardage lui revient. son bavardage le retient, elle extirpée du magma des notes — comme dit *pantani* : j'ai couru pour gagner : elle ne dit pas autre chose. son bavardage — comme *jalabert* grimpant les cols en dents de scie et grappillant en plaine — est à entendre dans la mesure d'un relief plat et consistant — comme dit *pantani* : dormir à présent, dormir, rêver d'un coup de frein sans pluie ni brouillard. le matin réveille **a**, sa façon de frôler sans frôler, regarde la télé, ne sait pas TRICOTER. *la sister de jequoi se nomme* ***b****, assistante-monteuse, faire sa biographie.*
*sa* sœur — parle un bon quart d'heure sans pause —

*go away, guys?* dans la boîte de son *autre* sister, non loin de st-marc place — voilà à quoi il songe —, absorption de whisky et, danse : faire passer tout ça — voilà à quoi jequoi songe — dans la cuisine où elle parle un bon quart d'heure sans pause, souci DE travail, rient les autres. souci de travail quand on est assistante — frôle le lit, un regard jeté, il fait noir voilà il fait noir, IL la suit, c'est tout. **c** est suivie, la tête dans son oreiller en boule, entend la porte claquer sur

go away, guys ? — c'est qu'elle attendait que la porte se ferme pour dire : go away, guys ? — pour dire, attendez-moi, moi je viens moi je viens aussi. ils ont attendu

**d** n'est pas venue — départ précipit

é elle a un brother : jequoi — la première fois, c'était : elle, se dirigeant vers les toilettes, jequoi dit, avoir un appartement dans manhattan, chose au bout du fil, cadavres de bouteilles sur la table — la table de la cuisine, une première fois, un tee-shirt de nuit, de nuit et long, jusqu'aux genoux, en cheveux, comme on dit, en cheveux, et comme on dit, œil torve, c'était une première fois — **f**, dit-il, **g**, *my sister,* et son entrée dans les, fermeture du loquet, *my sister* et le loquet, voilà.
chouette l'a dit : ce qui la concerne la concerne — mais elle n'a pas parlé de **h**, personne ne lui a parlé OUVERTEMENT de **i**, sauf chose : à paris, se sentait très bien, en forme, peut-on dire, en forme et puis pourquoi pas, elle le pouvait, il croit qu'elle pouvait l'être — un quart d'heure, un *grand* quart d'heure sans s'arrêter. c'était la première fois, la toute première, qu'elle venait à — mais ça n'a pas d'importance : l'important est dans la première fois, la première fois qu'il vit un rouleau de papier hygiénique à la tête du lit de **j**, à la tête d'un lit tout court. la première fois qu'il vit **k**, ensommeillée, se diriger vers la porte des toilettes, ce qui n'interrompit — presque — pas la conversation — *just to say* : *my sister* et, hop !, loquet, vin dans verres, du réel.



**l** est assistante-monteuse et monte des films médiocres, des films de second plan, comme dit **m**, des merdes, mais est assistante-monteuse et s'accroche à son boulot, elle n'en a pas d'autre, et elle s'accroche, tant et si bien qu'elle monte, comme elle dit, des merdes, qu'elle aide à monter des merdes, qu'elle se fait chier à aider à les monter, son nom est au générique, et elle le fait, c'est ce qui est important — comme *pantani* grimpant, descendant, grimpant, descendant, etc. —, bien, on ne sait pas, elle est si bordélique, mais question montage, peut-être bien, ou pas, l'important est qu'elle le fasse sans états d'âme, sans montrer un quelconque état d'âme, devant la production, devant son brother, c'est autre chose, devant son brother, c'est devant LUI, qui lit don delillo et l'apprécie. qui lit don delillo et baudelaire dans le texte. comme *pantani* lit son nom chaque soir au classement général — tout cela n'a pas de rapport, c'est ce qui rend la vie intéressante : **n** n'a aucun rapport, c'est ce qui la rend, *soudain*, intéressante, elle n'a pas besoin d'être déclarée intéressante pour parler, aider à faire du montage, poser des dizaines d'habits sur son lit avec un rouleau de papier hygiénique à la tête, et se tirer dehors, *hors* de brooklyn, sans faire de bruit — c'est alors qu'il la voit ou l'entrevoit.

**o** habite brooklyn, avec son brother, elle descend parfois les poubelles, parfois non, elle descend et file aider à monter à manhattan.

elle dit : comme ça quelle tête y feront comme ça — **p** a peut-être vécu à santa fe, et chose l'aura rencontrée là, un jour de tempête de neige, jour ordinaire, chose dans un jean et un pull flottants, ou l'autre, la voiture de l'autre garée près de l'église, **q** à l'arrière, sans cesse croire qu'elle était à l'arrière — comme dit *pantani* : aujourd'hui, je n'étais pas *devant*. et la voiture aura freiné devant l'église. **r**, sans dire un mot, elle a froid dans son tee-shirt, ce n'est que passager. chose l'aura vue, la rencontre plus tard, dans la rue grelotter, dans la rue elle grelotte, elle n'en peut plus de grelotter, son brother — elle ne dit jamais : *my* brother — derrière, son cartable sous le bras, ou son sac à dos sur l'épaule, les mains libres, une moue de ressentiment — pourquoi ? — et il dit : elle n'est pas comme. c'est tout ce que l'on entend, la bourras



**s** est assistante-monteuse — pourquoi ? — il la voit le frôler, disparaître, jequoi la voit encore, imagine la voir, elle est passée — frôle le *bord* du lit, au bout de la couverture, son pied — est assistante-monteuse, tous les jours, sauf les, et les, encore, lorsqu'il n'y a plus de films à monter, à aider à monter, est assistante-monteuse, et voilà. quand elle a eu dix ans, elle n'a rien fait de plus, il ne sait pas ce qu'elle a fait, rien de plus, n'a pas dit : je veux ceci, cela, je veux, ce n'est pas dans ses habitudes. *that is the rub*. mais personne ne voit la vie comme elle, personne ne voit la vie, elle pas plus qu'il, pas plus que l'autre, qui la suit de la chambre à la chambre à la chambre à la cuisine à — dehors. cela ne la gêne pas de laisser la — en désordre, le rouleau de papier hygiénique en évidence, son évidence *pour* lui — pour elle, ce n'est qu'un rouleau de papier hygiénique à la tête d'un lit, sans autre lien que la proximité du rouleau et du lit, le rouleau *sur* le lit, d'accord, n'y voit pas d'incongruité, ne voit que ce qu'elle voit, un rouleau et, dessous, un lit — comme *jalabert*, s'imposant là où personne ne l'attend — chambre en désordre, la télé sur une chaise, jequoi la regarde, chouette agite la télécommande, ils regardent et agitent, disent, c'est con, ou ne disent rien, la télé se passe de discours, pour s'installer sur le lit, il faut ôter et vêtements et rouleau, c'est ainsi — c'est tout.

de brooklyn, il peut voir manhattan — **t** le sait, mais lui tourne le dos, économe de ses mains, un clin d'œil suffit pour décrire une scène — rythme lent, un quart d'heure de rythme lent — du temps, le débit rapide. peut-être une photo de **u** quelque part, établir UNE comparaison, c'est suffisant, une comparaison du mouvement à l'inanimé, établir une distinction, du plan au plat, du discours au silence, sa bouche ouverte, sur la photo, peut-être — comme dit *pantani*, ce n'était pas mon jour. ce n'est le jour de personne,

**v** en train d'aider à monter des films, et jequoi en train de réfléchir, réfléchir en tournant en rond, dans la cuisine — ou sur le parking, la banquette arrière vide, la tête levée, le sommet d'une montagne invisible : c'est en baissant le regard qu'il a aperçu **w**, **x** vient dans sa direction, et les autres aussi, il les a tous remarqués, **y** aussi.

la sister de jequoi, qui habite brooklyn, apparaît une nuit, et tire le loquet — il boit. elle tire le loquet, il continue de boire, le combiné repose sur sa joue, s'en détache, un silence (un), un silence (deux), un silence (trois), il tourne la tête par politesse, ou surpris, ou est-elle jolie dans son tee-shirt  blanc, est-elle est-elle est-elle — (quatre), temps trop court pour une réflexion. s'amuse à tirer le loquet, par distraction, ou pour voir, ou pour (cinq) accroître ses chances d'avoir un avis — question tranchée.
la vie de **z** comprend le jour et la nuit, un *studio* et la nuit.
la vie de **y** comprend cette réflexion : *oh men men men.*
et *pantani* dit : si tu te retournes, tu es repris — la vie de **x** se reprise sans être retournée : (six), (sept) et (huit). *armstrong avenue*, tel est le nom de la rue.

**w** est morte de froid, l'hiver *aussi* à new york est rude : rude comme l'est l'hiver à new york, etc. — parle un bon quart d'heure pour se réchauffer, ou frôle, ou s'enferme dans un studio, aide-monteuse pour ne pas, ou pour ne pas avoir, il y a un poêle dans la cuisine — **v** est timide, puisqu'elle ne sait pas *tricoter* — **u** est tout sauf, ne fait pas attention aux rires, grésillement du charbon, whisky descendu. variable, dit-elle, comme le temps et le reste, oh le reste — *morte de froid* n'est pas littéral, n'est pas pris du tout dans un sens littéral, c'est pourquoi elle y croit, mais pas trop.



armstrong avenue, tel est le nom. il ne la voit jamais dans la rue, jamais se promener dans la rue, ou aller au travail, ou rentrer du travail, longer le trottoir d'armstrong avenue, ne la voit jamais, jamais, jamais que chez elle, chez elle et chez son brother, ne la voit qu'en dehors de son travail et chez elle, dans la cuisine, toujours dans la cuisine, elle assise sur une chaise, debout immobile, debout s'agitant dans la cuisine, puis tirant le loquet, les activités ordinaires reprennent — il fait un peu froid, mais les activités ordinaires, qui *sont* ce qu'elles *sont*, reprennent. elle dit : il faudrait réparer le loquet — trop ensommeillée, ne dit peut-être rien, ou grogne, son tee-shirt de nuit, blanc, tombe sur ses genoux, et elle dit *hi !* moins le point d'exclamation — trop ensommeillée pour — et elle dit *hi*, et agite un doigt, ou la main entière, cela ne lui coûte rien — comme dit *pantani* : trop de tout nuit. sa vie ressemble à celle des autres, la vie de toutes les **t** en général — quand elles sont assistantes-monteuses — sinon, ce n'est pas la peine d'en parler : pas la peine d'en parler, ou de généraliser, les réflexions sur le loquet et le rouleau de papier hygiénique montrent qu'elle se distingue — peu importe en quoi, ce qui compte, c'est la distinction, rien d'autre — comme *jalabert fait l'ascenseur* entre le groupe de tête et celui des poursuivants.

**s** est entre et *entre* — le processus de limitation poussé à son terme équivaut à une extension, ou les faiblesses font les qualités, ou la superficialité fait la grandeur : la grandeur d'un fait tient à la place minuscule qu'il occupe dans les affaires du monde — le rouleau de etc. est, de ce point vue, *représentatif*. Il n'y a de grandeur que superficielle, il n'y a de rouleau de etc. que sur le lit : la place du rouleau primordiale si l'on veut comprendre **r** — comprendre le pourquoi de l'assistante-monteuse, le pourquoi du frôlement, le pourquoi et le comment — le comment est important : comme dit *pantani*, nul ne sait comment — et il a bien tort.



sur la banquette arrière de la voiture de l'autre, **q** grelotte, c'est ainsi qu'elle grelotte, genoux sous le menton, une main sous les fesses, pour se réchauffer, ou se distinguer — chose l'observe dans cette pose — elle grelotte et renifle, le *sac* de son brother, contient une édition française de baudelaire, à ses pieds. Le sac de son brother — elle ne dit pas *my* brother dit *bro* et parfois *brodie*, et parfois rien — parfois, elle ne dit rien du tout, mais c'est rare, lui laisse des messages sur le répondeur, il les écoute et sourit — le loquet ? le loquet : le loquet, point de rupture important. elle ne sait pas qu'elle va lui dire, et elle lui dit, le lôôquààt, comme elle frôle, elle ne sait pas qu'elle va frôler, et personne n'en parle plus, *après*, personne — comme dit *pantani* : après une étape, tu penses à la suivante —, ni jequoi ni **p** *ni* personne ne pense au ou à.



aider à monter des films merdiques, comme elle dit, qui y penserait — qui songerait à en parler devant elle, qui et pourquoi, en parler devant elle équivaudrait à la nier, à la nier en tant qu'être humain, en tant que **n**, et **m** n'est pas niable, elle est, son lit ouvert sur un drap en boule, la télécommande d'un magnétoscope au creux, elle est ce qu'elle est, dirait chouette, et c'est déjà beaucoup.
pour une tricoteuse professionnelle, elle n'est rien — pour le réparateur du frigo, on ne sait pas, et on ne saura jamais, en éludant les questions, on obtient difficilement, non des réponses, mais un discours clair, structuré, en somme on bavarde — le tout et le rien saucissonnés en attendant une

prochaine ellipse, qu'élude jequoi, plongé ou abîmé dans une édition française de mallarmé —, vastes horizons dégagés par le plat : du relief, et c'est le coup bas, la phrase assassine, l'ironie pointant, l'humour dévastateur, le trait cynique — oui — l'esprit authentique est plat, réel et sans détours — vaste et sans compromis : tout est permis à découvert — les lèvres de **k** sourient, le fauteuil grince à peine. sa bouche s'ouvre — *go away*, *go away*, pas si vite —, si c'est du langage tant mieux, si c'est un rire sans déclencheur, tant mieux, si c'est, de toute façon, tout est tant mieux, mieux que de se taire, mieux que de laisser l'adversaire jouer du maxillaire — on peut compter les mots ——————————————————————————————————————————————— top ! : 1578 *to* 1156 : gagné, encore, encoregagné. encore.



**j** est assistante-monteuse *pour* devenir monteuse — comme dit *pantani*, c'est le palmarès qui compte — monteuse de films moins merdiques, de films non merdiques, de films intelligents, qu'elle pensera intelligents, qui le seront ou ne le seront pas, mais qui ne seront pas merdiques, les films merdiques à aider à monter, elle en a marre, qu'elle les monte au moins seule, les films merdiques, qu'elle n'aide en rien à les monter, qu'elle n'aide en rien le monteur à les monter, qu'elle soit libre de monter comme elle veut des films qui resteront merdiques. voilà ce que veut **i** — ce n'est pas le bout du monde : non. dans son tee-shirt blanc, elle dit : non, ce n'est pas le bout du monde — monter des films, de la représentation en structure, comme elle dit : observe son brother, joues rosies, prête à la correction, instantanée, dirait-on, mais le temps passe, et ils ne parlent plus de montage.



la sister de jequoi est assistante-monteuse, bientôt monteuse, voit des plans toute la journée, qu'on l'oblige à monter, à remonter, jamais à démonter, même un plan de mer, par exemple. c'est un travail mécanique, qui demande de la réflexion, de l'agilité et de la vitesse, dit **h**, car on est pressé de monter, de monter et de montrer, il y a de l'argent à gagner — comme dit *pantani*, quand tu as monté cinq cols dans la journée, tu es vanné. elle aussi, à la fin de la journée, elle est vannée, c'est pourquoi elle ne range pas sa chambre, n'a pas la force de ranger, elle préfère appuyer sur le bouton start de la télécommande, sans bouger de son lit, et regarder un dessin animé, par exemple. ou regarder les mouches voler, s'asseoir dans la cuisine et regarder son frère lire, ou jequoi regarder le loquet qu'elle a touché la nuit dernière pour la dernière fois. ou elle rentre tard, tellement tard que son brother est déjà endormi, un livre ouvert sur le drap, et elle le ferme, parfois le range, parfois ne le range pas, elle s'écroule sur son lit et dort.

**g** ne compte pas, coupe sa ligne de vie en fines rondelles — objets comme balises aveugles que jequoi repère sous le lit, la télévision, la table, dans les placards — comme dit *pantani* : le peloton est une bonne planque, mais il faut savoir en sortir. c'est ce qu'elle ne veut pas, sortir, mais, au contraire, elle veut entrer, sortir, un abandon, un désaveu de soi, le sentiment d'une perte irréparable jouée entre le hall et la porte vitrée, alors que entrer — et décider de ne plus sortir en entrant — lui procure un plaisir d'une intensité sans comparaison, une salle de montage dans le noir, un flash de lumière animée au centre : voilà son entrée, enveloppée par la succession de flashes, points clignotants, qu'elle déclignote à mesure qu'elle coupe et monte et coupe et monte, elle ne cesse de couper, monter, couper, monter, on pourrait en remplir des pages et des pages, on aurait son portrait, ou des contours, ou un profil à clignotement lent, arrêté et repris, en intérieur jour noir geai, baigné de lumière artificielle.
c'est pourquoi elle dit : je suis vraiment visible ou à peine visible, mais toujours visible, ce n'est pas le degré de visibilité qui compte, mais être visible et le savoir, y compris lorsqu'elle se mue en masse d'ombres — étalonnage des

gris — frôlant le lit de jequoi, ils se reconnaissent — position géographique apprise — instantanément — comme dit *pantani* : c'est parce qu'il pédalait toujours plus vite dans la descente que, malgré le brouillard, je l'ai reconnu. tout est affaire de position, et sa position est de frôler, son lit ou le papier hygiénique ou le loquet, **f** n'aime pas s'appesantir, un verbe pour **e** équivalent à dormir, comme elle dit sommeil lourd et tu rates une image. tu clignes et, au terme du clignement, tu passes à l'image suivante, la suivante de celle qui suivait et que tu as ratée. c'est comme les saisons, ou toute série d'objets possible(s), ou les fleurs dans un vase sur le rebord de la fenêtre que ton frère change sans t'en informer. c'est un trou à boucher de rien, tout a été découvert. tout est à découvert. moins on en sait, mieux ça vaut — comme dit *jalabert*, lâché dans la montagne, tu ne veux pas connaître l'écart. et il a bien raison.

tout, au fond, ici est fait pour en savoir le moins possible. son frère fait la vaisselle, elle parle. elle tire le loquet. elle frôle le lit de jequoi et s'en va, lentement doucement sans bruit. l'alteregomanie parfaite : ne presque rien savoir de l'autre, et tout tient dans le presque, en déséquilibre permanent entre rien et l'amour — ou l'amitié, la haine, la pitié, la compassion, peu importe, ce n'est pas une affaire de sentiments, mais de perception très imparfaite.

la sister de truc est une fois, et supporte difficilement la multiplication. dans la boîte de l'autre sœur de truc, elle n'y est pas, et ce n'est pas une occasion de perdue, mais une occasion de gagnée. dans la maison de truc, elle n'y est pas, et machin et chouette racontent **d** — quand elle est dans le **d** — ou **c** — quand elle est dans le **c** — à jequoi, et ce n'est pas une histoire, ne saura rien de plus, c'est un appel d'air dans lequel ils l'engouffrent, difficile de sentir les contours de son visage ou la compacité de la main qui tire le loquet — quand elle tend la main la première fois, jequoi ne voit que le loquet et la peinture écaillée du loquet, et le vase de fleurs à l'eau et aux fleurs changées.

et d'ailleurs, quand il dit elle, est-ce bien la contraction de sister de truc, et sister de jequoi a-t-elle une existence propre, même à géométrie variable ? que signifie ce lien familial élastique, dans un décor new-yorkais absent ou évaporé dans un brouillard sans nom ? trop de questions nuisent, dit **b**. pas de réponse de toutes façons les réponses ne répondent à rien — comme dit *pantani*, résumer l'étape pour la télévision est une étape supplémentaire. et les fleurs — quelles fleurs ? —, la sister de jequoi ou elle ou **a** ou **b** plus tard, mais elle persistant — il n'y aura pas de tu, ou cela devient vraiment abject — n'aime pas les fleurs ou n'aime pas les fleurs dans un vase, à la campagne d'accord, où elle ne se rend pas, se rend bien compte que se rendre à la campagne est une expression ridicule, qu'il n'y a qu'un mot pour comprendre combien un trajet vers la campagne — rien que le mot vers est déjà une punition — a un caractère assommant : la ville, la salle de montage dans la ville, la salle de montage dans et hors de la ville, hors de tout, un endroit à expansion naturelle restreinte, sinon nulle, qui s'épand dans le non-espace du film qui reste à faire, du film qui n'est pas terminé, et qui grossit de non-espaces à mesure que le temps s'efface dans son erreur chronologique. voilà ce que l'on perçoit d'elle devant la lettre **c**, et elle sourit encore quand vient son tour de sauter dans la lettre **d** — comme dit *jalabert*, sauter en selle ne suffit pas pour faire penser au mot cyclisme.



comme son bavardage intempestif ne permet pas de penser au mot commère, surtout pas en **e**, qui a des vertus curatives en ce domaine. dire qu'elle se tait, néanmoins, est une phrase qui a de l'allure, une allure de phrase sûre quand elle est absente, quand son absence n'est pas ponctuée par les mots qu'elle laisse sur le répondeur de son brother. et elle se tait, parfois. elle dort, la télé restée allumée, en gros plan le maire de la ville, puis on passe à un plan large, exactement comme pour **f** : d'abord son visage dissimulé sous les couvertures, les draps, puis le lit et les vêtements disséminés alentour, et la fenêtre et la neige s'il neige, c'est une option. elle dort, elle tire le loquet en silence — le loquet tiré en silence a-t-il plus ou moins valeur de loquet, never mind, pourrait-elle poursuivre, si elle est en forme —, elle ferme la porte le matin aussi en silence, et pas besoin qu'elle ouvre la bouche pour deviner qu'elle ne descendra pas les poubelles, elle ne les descendra à aucun prix.

son bavardage lui revient, ou le retient, pensait jequoi — c'était au début, en deçà du presque, presque dans rien : mauvaise reprise ou reprise en rodage, parfois on cale — comme dit *pantani*, l'important est d'aller jusqu'au bout du tracé géographique. parfois, on redémarre — on redémarre toujours, dit truc —, et c'est dans une courbe après un **g**, **h**, **i**, **j**, **k**, **l** d'enfer que son bavardage se détache, à l'instant même où il distingue nettement le ronflement du réfrigérateur ou la radio annonçant le classement du championnat de base-ball. jequoi ne regarde pas si sa bouche est en mode clos ou en mode ouvert — sans son —, un biais est annoncé. et c'est très bien ainsi.



la sister de truc : assistante-monteuse, bientôt monteuse, et comme le temps le printemps cet hiver encore un été un automne passe — il n'y a pas de saisons dans l'écriture longue qui durent —, monteuse-tout-à-fait, de films moins, de films plus, de films plus ou moins, qui l'enchantent ou qui l'agacent, qui l'enchantent quand clignote le petit flash de lumière drue. **m** le sait, détendue et épanouie, sur le rebord de la fenêtre assise, ne regarde même pas son brother et machin escalader l'immeuble pour atteindre le toit — vue imprenable, disent-ils, séduits par les paysages, composition, presque cliché, et ils restent, contemplatifs, le regard vissé à la vue, le regard pétrifié par la culture de la vue. tout est affaire de lenteur, dit jequoi, et la vitesse est une lenteur accélérée, il est possible aussi de contempler en vitesse, contempler en effleurant, se détourner très vite, ce n'est pas machinal, mais pensé, concerté, c'est un cadrage, mais dont le sens s'échappe, une vue de radiologue, puis on éteint la lumière. **n** dit : ne rien cadrer, tout est déjà cadré, mais passer, faire passer, du continu, pour que ça glisse, sa vue imprenable dans un parallélépipède de dimensions moyennes, à la profondeur de champ illimitée.

atteindre, pour **o**, n'est pas un résultat, on atteint à tout moment quelque chose, que l'on dépasse. ou le résultat est d'atteindre à tout moment, sans objectivation. sans s'en rendre compte, dit-elle. il ne faut pas chercher à toucher au but, mais à accomplir un déroulement. son but n'était pas cette nuit-là de se rendre aux toilettes, mais d'en revenir et de se rendre ailleurs, y compris de se réfugier dans le sommeil ou l'insomnie, si c'est un refuge, et ainsi de suite.

la dernière image du premier film, elle la monte — la fait coïncider — avec la première du second, sans pause, ou s'il y a pause, elle est factice, le temps de la pause n'est pas réel, il n'est qu'affaire de débobinage ou de rembobinage, s'inscrit — se repère — dans le mouvement — comme dit *jalabert*, il faut savoir coller à la roue, et recommencer le lendemain — comme dit encore *jalabert*, rien que cet effort m'a coûté de nombreux efforts.

**p** est dans l'effort, ne se concentre pas, ou c'est un effort concentré — le niveau de connaissance doit toujours être moyen, jusqu'à ce qu'on sente un soubassement plus qu'un niveau, mais pas trop bas, qu'il reste un peu de langage, et qu'on puisse l'épuiser, sans l'expurger —, elle n'a pas l'habitude de se dépasser, demeure plutôt groupée, comme un peloton, jusqu'au bout, sans arrivée au sprint. non le moindre effort, mais l'effort moindre, qui ne se délite jamais. quand on la voit, tout est dit, on peut passer à autre chose. quand on la voit, tout ce que l'on pourrait dire, elle l'a sûrement déjà dit. on ne se demande pas ce qui manque, mais quoi ajouter, et si l'on ajoute, il n'y a rien de plus net que le décor, neige et plateau, tandis que **q** devient de plus en plus obscure, et au lieu de se fondre, s'étale, laisse quelques traces que la trace des pneus recouvre, ou la neige, ou autre chose, le baudelaire de truc, ou le pull que lui passe machin, et qui ne lui va pas.

des myriades de particules autour d'elle, qui ne bougent pas, et intiment le silence. voilà pourquoi il croit qu'elle parle tout le temps, pour que les choses s'animent, même un peu, pour faire croire que les choses animées produisent du sens — *pantani* dit, on s'est beaucoup remués pour rien — et rien, c'est une poignée de secondes. truc y pense souvent, des secondes suivies de secondes, et rien, du temps gâché, et pour **r**, du temps gagné sur le mouvement — ou l'absence de mouvement — des autres, du temps à recopier, ailleurs, pas quand elle a le temps, mais instantanément, réinvesti aussitôt. la vie de **s** est une suite de recopiages, elle reprend, comme en pomme c, et reproduit la reprise.
une tautologie n'avance ni ne recule, elle est là, et c'est bien de le dire.
elle pourrait disparaître — hypothèse de jequoi —, alors qu'elle est un long rouleau d'apparitions identiques. on l'a vue, on la verra, voilà tout. elle a dit, elle dira, un instant, juste un instant, de surprise ne se produira pas. ne se produit pas. une course permanente et régulière est toujours remarquable, voilà ce que pense son brother, assis dans la cuisine et écoutant les dix messages quotidiens qu'elle lui laisse. toujours les mêmes. il en va du frigo comme des poubelles comme de la vaisselle et du papier hygiénique : c'est une lutte, donc une répétition, et elle répète. c'est son instantanéité qui l'intéresse.

la sister de jequoi a des origines diverses, dont elle ne parle jamais — comme dit son brother, ne sont diverses que les origines enfouies. on a cru la voir à santa fe, et ce n'était pas santa fe, même si les montagnes du colorado s'étendent en deçà et au-delà, mais cela ne fait pas une idée, surtout pas de santa fe, peut-être d'española, et encore, espanola, c'est machin qui le lui a montré, et le drive-in, et le rodeo nite et les low drivers. mais comme jequoi pense que ses origines passent par santa fe — ou en remontent —, même si elles n'y sont pas restées — impossible : trop de permanence —, il est de bon ton de croire, avec *jalabert* et *pantani*, qu'une étape, même démultipliée, va d'un point a à un point b, sans bifurcation ni déviation — auquel cas, tout le monde se trompe, ou **t** les trompe, assise en tailleur devant la télévision éteinte, mange un hot-dog sans moutarde ni ketchup. ou ses origines sont trempées dans l'écran noir — même noir, il y a un reflet, perspective absorbante, la nuit des origines, dit chouette, et si tous rient, c'est un bon mot. et elle poursuit : s'il n'y a pas de recherche, il n'y a pas d'origines — le singulier abaisserait le niveau —, ou il n'y en aurait pas, en suspension à vie, passage rapide dans le statique avant pfuit ou ouf final. c'est peut-être ce qu'**u** cherche : évacuer le ouf final par sa capacité à ouffer sans cesse et, par là, l'annuler. mais elle n'en dit rien, et son brother se replonge dans la lecture de mallarmé.

le loquet tiré, elle s'éclipse, quelques minutes, et s'enfuit ensuite, l'éclipse et la fuite, un dedans-dehors sans variations, unique et sans pourquoi, un comment que l'on ne connaît pas, ou pour se montrer, mais à qui, à jequoi ou à son brother, plus à jequoi qu'à son brother, pour se montrer et muette, signifier je suis là, son je appuyé par le loquet qu'elle désigne et tire, tire tout en le désignant, d'un geste qui fait trace, d'un geste qui la nomme, un corps en mouvement et pas encore une parole. **v** dans son tee-shirt long blanc en évanescence. il faut croire à son évanescence — comme dit *pantani*, les fesses décollées de la selle, j'ai montré ma selle à mes poursuivants.

il y a des mots qui n'existent pas — j'ai écrit décolmées précédemment, et corrigé —, comme **w**, **x**, **y** ou **z** n'existent pas, ni dans le langage ni dans l'espace, justement décollés, elle aussi est décollée, libérée de toute attache, fendue et lointaine, dans un au-dessus énigmatique, s'ouvrant de discours fleuves comme d'autant d'éclairs à distribuer à ceux qui, restés au-dessous ou à la surface, l'admirent ou la contemplent, plus certainement l'oublient, comme elle oublie tout et n'importe quoi, à commencer par ce qu'elle dit, qui n'a aucune importance, et surtout pas pour elle. elle dit : il faudra penser à descendre les poubelles, dans son anglais de new york, toutes syllabes accolées, débit à fond la caisse, ou je n'en reviens pas, j'étais encore endormie. c'est le encore qui pose problème, qu'elle soit endormie ou non, peu importe, elle se paie de mots, pour qu'on la plaigne, pour ses oublis ou sa démarche flottante, mais le encore, cet encore qu'introduit une limite dans le temps, presque une chronologie, un présent progressif sans contenu, ou du sommeil qui, peu à peu, se déréalise et échoue dans une demi-veille qu'elle personnalise, tirant le loquet et le lui désignant, cette demi-veille dans le encore du sommeil, et c'est un mensonge, il en est persuadé.

tout est mensonge, à commencer par **y**, qui est de new york, non de nürnberg ou de heidelberg, plus précisément vienna, et de quelques autres villes, que jequoi n'a pas voulu, ou pu, prendre en compte, il y en avait trop, et truc, bon lecteur, aurait fini par s'y perdre, dans ce dédale, plutôt plis abondants superposés, dans ce désordre étoffé, course à rien, sans étendue ni but — voler vers tokyo signifie poursuivre jusqu'à, par exemple, new york — comme dit *jalabert*, j'ai volé vers la victoire, et elle m'a été volée.



et est-ce bien un mensonge, la circonvolution ? **x** attrapée et investie d'un bric-à-brac que jequoi renouvelle sans cesse — comme on renouvelle l'eau des fleurs —, **w** prise dans un désossement effréné — mais où est le squelette ? — n'a que peu à voir avec elle-même, sa valeur, sa vie, son destin — *pantani* dit : je n'ai rien pris en plus qui me fasse grimper plus vite —, mais avec le présent de jequoi, sa reprise au présent difficile à attraper, qui lui échappe, en fait, continûment.

autrement dit : une collection d'instants furtifs grossis au microscope ou gonflés à l'hélium — à l'instant cet instant : elle ferme la porte, ouvre le réfrigérateur, observe la vaisselle entassée dans l'évier, déplace d'un centimètre le rouleau de papier hygiénique sur le lit, etc. — faire quatre nouveaux plis pliés en quatre de l'etc., et attendre que la poche se remplisse naturellement. ne pas trier, tout prendre, éviter la profondeur. surprendre la répétition — la débusquer —, la faire varier.



**v** à tous les points cardinaux, sud-loquet, ouest-télé, est-montage, nord-tête de lit. si nécessaire, se munir d'une boussole, mais ce n'est pas nécessaire, se laisser guider par l'intuition, ou par le flux — jet continu — comme dit *pantani* : j'ai avalé la route d'un trait.

autrement dit : marcher la nuit avec son brother — whisky et jungle en exclusivité dans la boîte — et ne pas s'apercevoir de son absence, faire comme si l'absence était sous-jacente à son effet, recouverte d'une présence de surface.

autrement dit, **u** à toutes les sauces — ingrédients et accompagnements, se résoudre à ne prendre que des notes, verbes à l'infinitif —, y compris dans l'opacité, l'invisibilité, le blanc — comme dit *jalabert*, fallait voir comme dans le brouillard je n'ai rien vu.

à fond dans l'évasif le plus évasif qui soit.

à fond. **t**, **s**, **r**, **q**, **p**, **o**, brûler les étapes, ne retenir que la disposition, la marque de deux doigts sur le loquet, peinture blanche salie désormais, ce ne peut être qu'elle, personne ne s'enferme dans les toilettes, personne ne prend la peine de s'y enfermer, ce serait trop facile d'épier, et comment épier le dedans du dehors — secouer la poignée de porte est un moyen indécent —, il faut se concentrer sur elle — biaiser —, oublier le monde, et le reste, et elle est encore là.



sa démarche décrit un arc de cercle bourré d'intentions et d'incertitudes est effectivement évasif.

la sister de jequoi aurait pu être assistante-monteuse, voir des films toute la journée, des bons et des mauvais, surtout des mauvais, découper des films informes, les rendre présentables et accessibles et lisibles, apprendre un métier, pour ensuite en parler, comparer, se projeter assistante-monteuse, et devenir monteuse, découper des films informes toute la journée, mais en être responsable, avoir son nom au générique, ou un pseudonyme si le film est trop mauvais, ou parce qu'elle n'a pas eu les mains libres, mais un nom, en lettres blanches sur fond noir, qui la représente et lui donne un statut, une légitimité lorsqu'elle tire le loquet ou regarde l'écran noir de la télé ou repasse les yeux dans le vague un chemisier ou une jupe, pour que l'on puisse dire : la monteuse tire le loquet, la monteuse regarde l'écran noir de la télé, la monteuse repasse un chemisier ou une jupe. et non pas **n** ou **m** ou **l** — comme dit *jalabert*, lorsque tu abandonnes, ton nom est supprimé du classement général. lorsqu'elle s'abandonne, son nom disparaît sous la surface du monde.



la monteuse tire le loquet est une phrase dont il ne sait rien par définition.

c'est une affaire de découpages, la cisaille s'apprête en **k**, mais, par la vitesse imposée, c'est en **j** qu'elle coupe, barre oblique, presque une friction, ressemble à une ligne dentelée, l'exécution sans retard, mais projetée.
la sister de jequoi est assistante-monteuse et regarde les images dans un biais, des flancs d'images qu'elle colle, sans synchronie

sonore. la sister de jequoi est tout ce qu'elle veut, l'image est tulipe, champ tulipal, au loin passe une course cycliste distraite, s'anime dès que la caméra dépasse le champ, zoom avant — *pantani* ne dit rien, *jalabert* dans son sillage, en danseuse.

*pantani* ne dit rien — halète —, *jalabert* dans son sillage, puis dossard 49 au bout de la côte, puis point, puis invisible bordé de tulipes, en nombre formant un champ. *pantani* dira, désignant l'étendue : c'est à cet instant-là, précisément. et on relèvera qu'il y eut un instant, la main crispée sur le guidon, un instant cet instant où — sur le bord extérieur de la route, le freinage intempestif a couché légèrement une bande d'herbes dans le sens de la victoire.



le commentaire brouille la performance.
le montage la rehausse. l'assistante voit des points rouges et verts, puis un gris lissé qu'elle coupe, générique en surimpression, immobile.

260 –

100.000

160 –

150.000

André

20 000
20 000
20 000
20 000
10 000
20 000
20

100

20 – Am
20 – Ren
10 – Noel
20 – P. P
10 – Ero
20 –

100

10

20 –
20 100.00
50.00

65500
4
262000

## BIBLIOGRAPHIE


- *Six Aléas (temps, suite et tant)*, éditions Au Figuré, 1994.
- *L'Anthropologue*, roman, éditions Comp'Act, 1995.
- *Vingt Aléas* (Berlin, Berlin) in *Territoires*, éditions Fourbis, 1997.
- *confusion (un trop/intro)*, Cahiers éphémérides, éditions Aleph, 1998.
- *Regard fatigué*, éditions Aleph, 1998.
- *Traduire en poésie* (contribution), éditions Farrago, 2001
- *Haus* (avec Natacha Nisic), éditions La Lettre volée, 2003
- *Ferré, la musique avant tout*, éditions Textuel, 2003
- *Zweite Innerlich* (essai sur Gottfried Benn), Klett-Cotta Verlag, Stuttgart, 2003
- *Poésie ? détours* (en collaboration), éditions Textuel, 2004
- *Text and Line in Figurated Poems and Calligrams*, in *Spatula*, edited by Gordon Shrigley, Marmalade, Londres, 2004

Les textes réunis ici s'attaq
s'attaquent à l'un des thèmes
majeurs ds les litt. aujourd'hui :
la violence

le messager de
l'apocalypse

Collection L'ŒIL DU POÈTE

dirigée et commentée par Christophe Marchand-Kiss

**Pier Paolo Pasolini** (1997)
**Rainer Maria Rilke** (1997)
**Edgar Allan Poe** (1997)
**Pierre de Ronsard** (1997)
**Vladimir Maïakovski** (1997)
**Herman Melville** (1997)
**John Cage** (1998)
**Indiens d'Amérique du Nord** (1998)
**Victor Segalen** (1998)
**Michel-Ange** (1998)
**Le Haïkaï de Bashô et de son école** (1998)
**E. E. Cummings** (1998)
**Percy Bysshe Shelley** (1998)
**Gertrude Stein** (1999)
**Edoardo Sanguinetti** (1999)
**Fernando Pessoa** (1999)
**José Augustin Goytisolo** (2000)
**Après l'Est et l'Ouest** (2001)
*Garde-manche Deux*, **Philippe Beck** (2004)
*Pamplemousse*, **Yoko Ono** (2004)
*Poésie ? détours*, **V. Maestri, C. Marchand-Kiss, J. Sivan, J. Game** (2004)
*Anthologie*, **Vladimir Maïakovski** (2004)
*Anthologie des hétéronymes*, **Fernando Pessoa** (2004)
*Haïkaï*, **Bashô et son école** (2005)
*Poèmes*, **Rainer Maria Rilke** (2005)
*alter ego*, **Christophe Marchand-Kiss** (2005)

Achevé d'imprimer en décembre 2004
par l'Imprimerie Floch, à Mayenne
N° d'impression : 61699
Dépôt légal : février 2005
*Imprimé en France*